JN014151

ユニバーサルデザインの基礎と実践
ひとの感覚から空間デザインを考える

一般社団法人 日本福祉のまちづくり学会
身体と空間特別研究委員会
編

原利明・伊藤納奈・太田篤史・船場ひさお・松田雄二・矢野喜正
共編著

鹿島出版会

推薦の言葉

秋山哲男
中央大学研究開発機構

　本書に深く関係するテーマは、「ノーマライゼイションとバリアフリー・ユニバーサルデザイン」である。

　ノーマライゼイションは1950年代にデンマークのN.E.バンク-ミケルセンによって提案された。どのような障害があろうと一般市民と同等の生活と権利が保障されなければならない、とするもので基本的な人権をベースに提案され、わが国の障害者福祉制度の根幹を成している。

　1970年代に広まった、障害者を中心に建築などの物的環境を変えようとするバリアフリーデザインや、年齢・性別・国籍などの違いや障害の有無にかかわらず、できるだけ多くのひとびとに使いやすい製品や環境をデザインするユニバーサルデザイン、といった考え方は、現在となっては多くのひとが認識しているデザイン概念である。

　こうしたバリアフリー・ユニバーサルデザインの概念が「高齢者、障害者等の移動等の円滑化の促進に関する法律」やガイドラインにより、公共交通や建築物・公園などに適用されているにもかかわらず、なぜこの本が必要になってきているか。それは一言で申し上げれば、これらの法律などには役に立っているものとそうでないものがあるからである。たとえば、幅や高さなどといった見てわかる基準には有効に機能しているが、音や光など見てわからない基準やデータの場合は対策がおろそかになりやすい。

　本書は、前半の［基礎編］に4つの基本的考え方、①見ること、それに関係する視覚と光環境づくり、②聞くこと、それに関係する聴覚や耳の仕組みと音の三要素（音圧、基本周波数、周波数特性）を考えた環境づくり、③触ること、シャンプーなどの蓋の記号化から触覚を活用した全盲の方の伝い歩きなどの環境づくり、④移動すること、歩き方を科学的にとらえるとともに、視覚障害者はランドマークを移動の手がかりとするといった環境づくり、などにスポットを当て、計画の指針となる基準やなかなかわかりづらいデータを、読者が一歩でも理解しやすくするための努力が払われた。

　後半の［実践編］では、計画をする際の要素技術であるサイン・視覚障害者誘導用ブロック、触知案内図、音・光などのデザインへの適用のあり方をより具体的に記述している。さらに建築空間・鉄道駅・道路空間などの具体的な空間での適用例も併せて示されている。

　最後に、当事者参加が必要なのは設計者が「当事者の身体で感じることを空間に十分に再現できない」からである。本書を読むことにより、その助けになることを期待したい。

はじめに

日本福祉のまちづくり学会
身体と空間特別研究委員会
共編著者（委員長・幹事）

　世界にも類を見ない急速な超高齢社会の到来、国連障害者差別禁止条約の批准、SDGsやダイバーシティという新たな価値観の広まり、さらにグローバル化の進展にともなう感染症の爆発的な流行など予期せぬ出来事が多発し、社会を取り巻く環境が大きく変わってきました。そこでこのような変化に対応する社会基盤の整備が急務となってきています。

　まちづくりや建築の分野では、様々なニーズをもつ人々が安全で円滑に移動ができ、いつまでも住み続けられる〈まち〉へと進化するためにバリアフリーに関する法律や条例などの施策が打ち出され、段差解消や誘導ブロックの敷設、多機能トイレやホームドアの設置、人的支援などの整備が進みました。また、案内サインのガイドラインもつくられるなど、日本のバリアフリー整備は世界屈指ともいわれるようになりました。さらに、2013年のオリンピック・パラリンピックの招致決定がバリアフリー整備を加速させました。しかし、一部には先進的な取り組みも見受けられますが、その内容の多くは、段差解消のためのスロープ設置や昇降機の設置など、従来の移動経路の確保程度に留まっているのが現状ではないでしょうか。

　一方で、東日本大震災直後、停電や節電による照明の一時消灯や減灯によって多くの視覚障害者の移動に支障が出ました。このことにより、それまでバリアフリーと関連づけて考えられることの少なかった「灯り」が、じつは移動の手がかりとして重要な存在であることが指摘されるようになりました。また、「音サイン」をはじめとする様々な規格化については、多くの障害当事者から、その実効性や妥当性について疑問の声も上がるようにもなりました。

　こうしたことから、障害者をはじめとするマイノリティから、ものづくりの過程に当事者の意見を取り込むことを求める声も高まっていきました。しかし一方で、事業者や設計者などが一部の利用者の意見を鵜呑みにして計画やデザインに取り込んでいる事例も見受けられることが少なくないのも現状ではない

でしょうか。こうした状況や社会動向に問題意識をもつ人たちが集い（それが私たち、本書の編著者であるのちの当委員会メンバーです）様々な議論を繰り返しました。

　その議論の中で、円滑な移動のためには、段差解消に留まらず、移動のための適切な空間の情報（私たちはこれを「手がかり」と呼びました）が必要だと考えるようになりました。

　そこで、すべての設計計画を行う上で基本となる「人間の身体」に立ち返り、この手がかり（情報）を明らかにし、改めてユニバーサルデザインの考え方に基づくまちづくりのあり方を考えることを目的として、2013年に「身体と空間特別研究委員会」を日本福祉のまちづくり学会に立ち上げました。メンバーには、建築計画学や交通計画学、音や光などの環境工学、人間工学などの研究者と建築設計者やデザイナー、障害当事者など多様な人が集いました。

　それでは、移動するための手がかり（情報）とは一体何でしょうか。そのヒントは、2000年のシドニーパラリンピックの金メダリストである葭原滋男さんの「頭の中の通勤経路」の中にありました（これは96ページのコラムでも紹介しています）。葭原さんは、ものが見えにくいロービジョンで、その残された視機能に加え、足音や車の音などの聴覚情報や手足から伝わる触覚情報、さらには店舗固有の匂いなど、ひとがもつ感覚をフル回転させて移動に必要な周囲の情報を得ていました。空間を認識するための情報の多くは視覚からと言われています。そのため、正常な視機能をもつ晴眼者は、視覚以外の感覚からの情報を意識レベルに引き上げることはあまりありません。そこで私たちは、視覚情報が得にくいまたは得られない視覚障害者にフォーカスを当て、移動時の手がかり（情報）をあぶりだすこととしました。そのため本書ではいたるところで視覚障害者の話題が出てきますが、それはこのような理由からです。

　本書は、［基礎編］と［実践編］から構成されています。基礎編は、視覚、聴覚、触覚などからの情報の受け取り方、その情報と実際の行動の関係性から、ひとがどのように空間に出会い、その性質を理解し、そして利用するのかを述べています。実践編では、このような基本的な「人間と空間の出会い方」に基づいた「ユニバーサルデザイン」の試みの具体事例を紹介しています。

　本書が、読者のみなさんに新たな気づきをもたらし、今までとは違う解決策を見出すきっかけとなれば幸いです。

002　推薦の言葉　　秋山哲男

004　はじめに

008　# 基礎編
見ること・聞くこと・触ること・移動すること

第1章

011　見ること　「見ること」をもう一度考えてみよう

012　「見ること」とは

018　高齢者・ロービジョン者にとっての「見ること」

024　先天色覚異常と「見ること」

030　「見ること」による空間認知 —— ロービジョン者の歩き方を通して

036　Column　ブラインドサッカーとは何か　　葭原滋男

第2章

039　聞くこと　「音を聞く」とはどういうことなのか

040　「聞くこと」とは

046　高齢者・聴覚障害者にとっての「聞くこと」

052　「聞くこと」による空間認知 —— 視覚障害者から学ぶ

058　Column　聞こえやすい音環境 —— 突発性難聴の視点から　　布施雄一郎

第3章

061　触ること　普段「触ること」を意識していますか

062　「触ること」とは

068　「触ること」による空間認知 —— 視覚障害者の歩き方を通して

074　Column　日本橋再発見　　芳賀優子

第4章

077　移動すること　「移動すること」を科学する

078　「歩くこと」とは——移動の基本

084　「移動すること」と感覚

090　「移動すること」を学ぶ——中途視覚障害者の歩行訓練を通して

096　Column 頭の中の通勤経路　葭原滋男

100　実践編
　　「プラスのデザイン」から「マイナスのデザイン」へ

102　「プラスのデザイン」から「マイナスのデザイン」へ

104　デザインの可能性——ひとの感覚から空間を考える　　　　　　　原利明

112　室内空間のデザイン——見えづらさを支える施設設計　　　　　桑波田謙

118　駅空間のデザイン——ホームドアにみる安全対策　　　　　　　大野寛之

124　道路空間のデザイン——路面表示の活用　　　　　　　　　　　稲垣具志

130　視覚障害者誘導用ブロックのデザイン——その成り立ちから　　大野央人

136　点字・触知案内図のデザイン——その可能性を高めるために　　和田勉

142　サインのデザイン——公共空間のわかりやすい案内　　　　　中村豊四郎

148　音環境のデザイン——トータルデザインのための3つの視点　　武者圭

156　光環境のデザイン——照度から輝度へ　　　　　　　　　　　　石田聖次

162　あとがき

164　執筆者紹介

基礎編

見ること・聞くこと・
触ること・移動すること

第1章

見ること
「見ること」をもう一度考えてみよう

「見ること」とは

カメラと似て非なるヒトの眼

　ヒトは「見ること」によって、実に多様な情報を得ることができます。目の前にあるものの形や大きさ、色などがわかるのはもちろん、移動する場合は景色の移り変わりによって自分が目的地に正しく向かっているのか、判断することができます。また空の色や樹木の色合いは、時間や季節を教えてくれます。この「見ること」の特質は、それが意識されないくらい簡単に行うことができる動作である、という点にあります。この、とても自然であたりまえな動作である「見ること」ですが、実は様々な動作が複雑に組み合わされています。

　ヒトの目はよくカメラに例えられます[**図1**]。水晶体はレンズ、虹彩は絞り、網膜はフィルム（デジタルカメラではイメージセンサー）と同様の働きをします。水晶体は見るものにピントを合わせ、ピントの合った映像を網膜に映す役割をします。虹彩は周囲の明るさに応じて大きさを変え、通過する光の量を調整する働きを

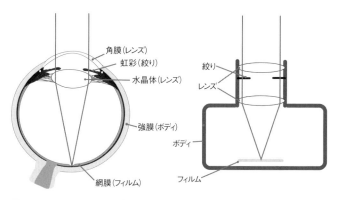

角膜(レンズ)
虹彩(絞り)
水晶体(レンズ)
強膜(ボディ)
網膜(フィルム)

絞り
レンズ
ボディ
フィルム

図1　ヒトの眼とカメラの模式図

します。網膜は映った映像を電気信号に変換し、脳へ送り出す働きをします。

　しかし機能を細かく見ていくと、様々な点で目とカメラの違いがわかってきます。カメラはレンズを前後に動かしてピントを合わせますが、水晶体の位置は固定されているので、細胞の弾力性により厚みを変えてピントを合わせています。ところが加齢に伴って弾力性が失われ、厚くすることが難しくなると近くのものにピントが合わなくなります。これが老視（老眼）です。

網膜の仕組み

　網膜はフィルム（やイメージセンサー）と比べてもっと特殊な構造をしています。フィルムは、どの場所に光が当たっても性能が一定になるようにつくられていますが、網膜は中央にある中心窩に高い解像度をもった錐体が集中しています。視細胞には錐体と杆体と呼ばれる2種類の細胞がありますが、中心窩の視野角0.7度（半径0.2mmに相当）というごく狭い範囲は中心小窩と呼ばれ、解像度が特に高い錐体のみが存在しています[図2]。錐体は詳細な情報を受信するだけではなく、色をとらえる働きをしています。これらの錐体は中心窩を中心に分布し、総数は600万個といわれています。しかしヒトの最高視力は、中心小窩でしか出ません。たとえば最高視力が1.0の場合、中心小窩から2度離れた部分では視力が0.4、5度離れたら視力0.1まで落ちてしまいます。ではそれらのごく一部の錐体以外の細胞は何をしているのでしょうか。網膜は中心窩の外側に大きく

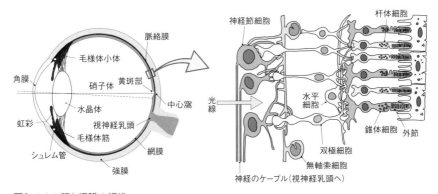

図2　ヒトの眼と網膜の構造

広がっています。それらの領域には杆体という細胞が多く分布しています。その数は約1億2000万個にも及び、錐体の20倍に相当します。それらの細胞の解像度は低く色をとらえることもできないのですが、光に対する感度が極めて高く、超高感度センサーのように働きます。その感度の高さは、1本のローソクが東京タワーのてっぺんに灯されていたとすると、25km離れた横浜の外国人墓地からでも見えるほどのものなのです。暗い場所でものが見えるのは、この杆体の働きによるのです。

視力と視野の関係

　さて、ここまでの話でどうしても解せないことがあるのではないでしょうか。ヒトの視野は耳側に95〜100度、鼻側に60度、上側に60度、下側に70度も広さがあるはずなのに、最高視力が出ているのは中心部分の視野角0.7度の範囲でしかありません。試しに、目の前に5cmくらいの間隔を空けて2本のサインペンを固定し、どちらか一方のペンに印刷された文字を見てください。そして、目を動かさずにもう一方のペンに印刷された文字を見ると、読めないくらいにぼやけていることがわかるでしょう[**図3**]。しかし特別に意識しなければこのように視線を固定することはありません。無意識のうちに見たいものへ、自動かつ高速で中心視野が移動する「サッケード」という眼球運動が生じているからです。サッケードは、中心窩で見たいものを細かく揺れながらとらえる固視微動という運動とセットになっていて、固視微動で確認が終わると瞬時に次のサッケードが生じるということが連続的に行われます。このサッケードによってものの全体像が鮮明に見えているような感じがするのです。

　では、動いているものも同様に視野角0.7度という小さな視野でうまくとらえられるものなのでしょうか。ひとはどうして脇道から移動してくるひとや車や自転車に気づけるのでしょうか。このときは網膜周辺部にたくさんある杆体が活躍します。杆体は周囲の風景から影のあるもの、コントラストの異なるものの動きを敏感にとらえます。色や形が鮮明にわからなくても、動いた場所、移動の方向を瞬時に感知できるため、その直後に中心視野を移動させ、解像度の高い中心視野で内容を確認することができるのです。

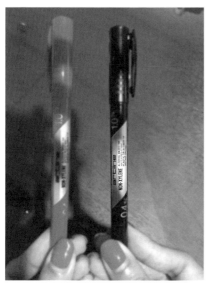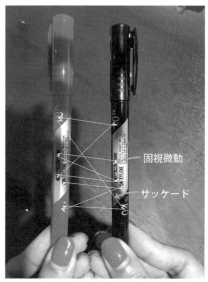

図3　固視微動とサッケード／5cmほど間隔を空けて2本のペンを固定し、右側のペンの側面に印刷された文字に視線を固定すると、左側のペンの文字は読むことができない。2本のペン全体が見えているように感じるのは、中心視野を瞬時に動かすサッケードが生じるから

網膜構造の不思議

　網膜の中心部は中心窩と呼ばれるくぼみですが、さてここはなぜくぼんでいるのでしょうか。網膜は眼球の内壁にはりついている厚さ約0.2mmの透明な膜です。デジタルカメラではレンズを通して入ってきた光を直接イメージセンサーが受ける構造になっており、その電子情報を運ぶ回路はセンサーの裏側にあります。ところが網膜の構造はまったく逆で、イメージセンサーに該当する視細胞の外節と呼ばれる部分はレンズとは逆のほうを向いています。外節が受け取った情報を運ぶ神経のケーブルは網膜の表面を通り、視神経乳頭と呼ばれる部分で束ねられて脳へと引き込まれています。

　つまり、私たちが見ている視覚情報は、目の中に入って来た光線が網膜の組織をいったん通過してからはね返ってきたものをとらえ、処理されたものだということになります。とても不合理なつくりだといえますが、中心窩では網膜

の組織がもっとも薄くなっており、そのさらに狭い中心部分に感度がとくに高い錐体が高密度で並んでいるので、中心窩へ届く情報はあまり障害物の影響を受けずに済んでいるのです。

「盲点」とは

　視細胞群から得られた情報を運ぶ神経のケーブルは、網膜の表面を走行して一か所に束ねられ、中心窩から鼻側へ15〜20度(4〜6mm)の位置にある視神経乳頭を通り、大脳方向へ伸びていきます。視神経乳頭部分はいわば網膜にあいた穴なので、この部分には視細胞はなく、視覚情報が得られない「盲点」になっ

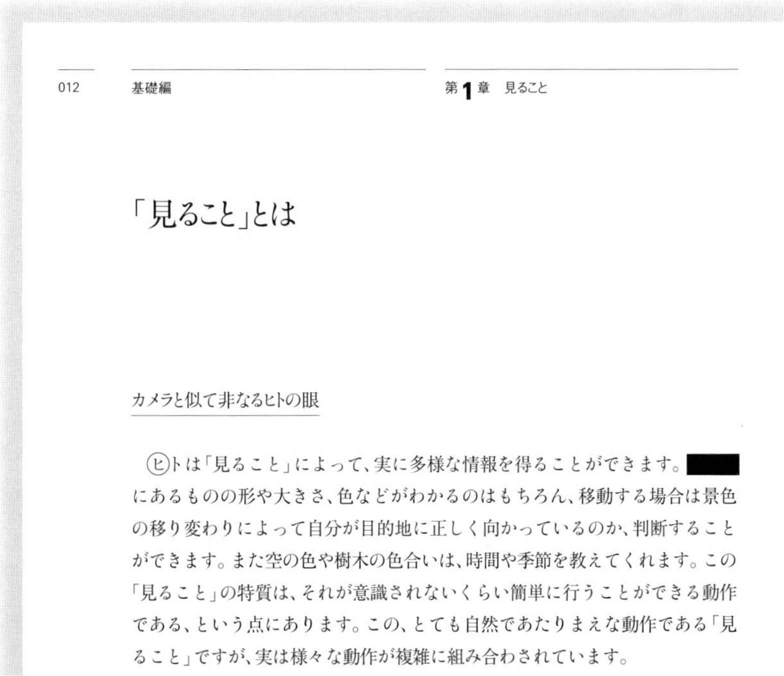

図4　盲点と補填を体験する方法／文章のなかの「ヒ」の文字を右目で固視して(左目は閉じて)、顔をある距離(「ヒ」から黒塗りまでの距離が10cmなら、目から本までの距離は40cm)で固定すると、同じ行の右端にある黒塗りの部分が消えて、あたかも文章が並んでいるように見える

ています。中心窩に比較的近い位置に盲点のあることも、網膜に関する大きな不思議のひとつですが、ヒトが日常生活の営みの中で盲点の存在に気づかないことも不思議なことといえるでしょう。

　これは見えない部分を自動的に補う、補填という機能によるものです。補填とは欠けている部分がそう見えないように、隣接する環境の情報を埋め込む脳の機能です[図4]。この補填機能があるため、ヒトは視野の欠損にとても気づきにくいのです。また、中心に近いといっても中心から15度以上離れた場所の視力は0.1未満しかないので、補填に気づきにくいともいえるでしょう。

ものを見るために必要な眼球運動を制御する仕組み

　左右の目から出た視神経は、いわば映像を処理する脳の視覚領という場所へ伸びる経路と、眼球の動き、ピント合わせ、明るさの調整を行う上丘と視蓋前域という場所へ伸びる2系統に分かれます。視覚領は網膜に映った映像を再生するだけではなく、フィルムの傷をきれいに修復して見せるような働きをします。見えていない部分を見えているように処理する補填機能も視覚領の働きです。また、2つの目から入ってくる映像が二重に見えないように処理します。

　それに対して上丘と視蓋前域は、視覚領に意図したきれいな映像を送るためのカメラワーク、自動露出、オートフォーカスなどを制御する働きをします。見るものに合わせてサッケードを制御し、周囲の明るさに応じて虹彩の大きさを調整し、ピントが合うように水晶体の厚みを整えます。

ものは脳で見ている

　ここまでの話から、ものが正常に見えるのは脳の働きによるところが大きいことをご理解いただけたでしょうか。目に異常がなくても、脳卒中や脳外傷などで脳に損傷を受けて目が見えなくなる理由もここにあります。いわば目は精巧かつ繊細につくられたカメラであり、大脳が処理することで映像として見ることができるのです。

高齢者・ロービジョン者にとっての「見ること」

見えづらいひとにとっての視覚情報

　「見えにくいな」と思うことは誰しもが経験することです。たとえば晴れた冬の朝、まだ日が高く昇らない朝日に向かって歩いたり、夜、走っている車のヘッドライトの光が目に入って「まぶしいな。もう少しまぶしくないと見やすいのに」と思うことがあるでしょう。また夕方薄暗くなった頃、本や新聞などの文字が「見えにくい」と思って照明をつけたら「よく見えた」という経験のあるひとも多いのではないでしょうか。

　同じ「見えにくさ」でも、加齢や疾患による機能低下は完全に回復させることが難しく、目をそらしたり明るくしたり、眼鏡をかければOKとなるとは限りません。また中途から見えづらい状況になった場合、視覚的な情報を聴覚や触覚などの他の感覚で補うことに慣れていない場合もあります。このようなことから、見やすい環境を確保すること、また視覚情報が正確に伝わるようにすることは高齢者など見えづらさを抱えた人々にとってはQOLの向上にもつながる重要な配慮になります。

ロービジョンとは

　ここで、「ロービジョン」という言葉を紹介します。これは、厳密な定義が定まった言葉ではありませんが、一般的には「全盲ではないが、視覚に障害があるため、生活に何らかの支障をきたしている状態」とされます。本書では、ロービジョン状態にあるひとを「ロービジョン者」と呼び、またロービジョンや全盲ではない、いわゆる正常な見え方のひとを、「晴眼者」と呼ぶこととします。

「見え方＝視覚情報」は様々

　高齢者やロービジョン者に対する視覚的な配慮はひとつの方法とは限りません。「見え方」はひとそれぞれであり、平均的・典型的な高齢者・ロービジョン者の「見え方」というのは存在しません。それは、「見え方＝視覚情報」には様々な要素があるからです。たとえば「明るさ(以下、「輝度」とします)の差、色、大きさ、形」なども視覚情報ですが、「どこにあるか」や「発見されやすいか」も視覚情報として考える必要があり、改善するには複数の要素を同時に考える必要があります。本節では、「見え方」に関する要素のうち、環境をデザインする際には知っておかなければならないことについて、簡単に説明します。

視力とは

　視力は、視覚情報の空間的な細かさがどれくらいわかるのかを表すものです。高齢者はピントを合わせる機能が低下し、特に近い場所が見えにくくなり、矯正したときの最高視力も若いときに比べ低下していきます。そのためチラシなど手元で見るものには文字を大きくするなどの配慮が必要です。また見ている対象の輝度も視力に影響されます。**図1**は10歳代から70歳代までの対象物の輝度の違いによる視力の変化を示しています。どの輝度レベルでも高齢者は見えにくくなることがわかります。

　若年者や加齢による自然な視力低下に比べて、ロービジョン者は視力の低下

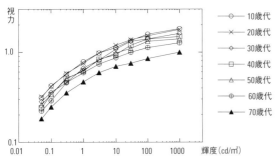

図1　年代別に表した輝度による視力の変化

が著しい傾向があります。視力が低下している場合でも見かけの大きさを大きくする、または輝度差があると見えるようになることがあるので、近づいたり拡大したり、輝度の差が大きくなるように色やグレートーンの濃さを変えたりすることもロービジョン者への配慮になります。

コントラスト感度

　コントラスト感度とは、サイン波状に輝度が変化した縞模様のパターン［**図2左**］を見たとき、いちばん明るい部分と暗い部分の明るさの差(輝度の差)や、縞の細かさを変えてどこまでその違いがわかるかを示したものです。縞の細かさ(空間周波数)に対してどのくらいの明暗の差(輝度の差)が見えるかを示します。空間周波数とは、この縞の粗密を表す指標で、空間周波数が高周波であるとは縞模様が細かいこと、低周波であるとは縞模様が粗いことを示します。若年の晴眼者の場合、この空間周波数がおおよそ3〜6cycle /degreeといって視野角度1度あたり3回から6回分の輝度の変化があるサイン波があるような細かさの縞がもっともよく見え、それより低周波の(縞模様が粗すぎる)場合、また高周波の(細かすぎる)場合に、コントラスト感度が低くなる、つまり縞模様の輝度の差がわかりにくくなります。

　高齢者は若年の晴眼者に比べ、全体にコントラスト感度が低く(縞の輝度差が見分けにくい)、またもっともコントラスト感度が高い(縞の輝度差が見分けやすい)周波数は、やや低周波(粗い縞)の方向に移動します。そしてロービジョン者はさらにもっともコントラスト感度がよい場合でも高齢者ほど高くはなく区別がしにくくなり、高齢者よりも低周波(粗い縞)でないと見えにくくなります［**図3**］。粗

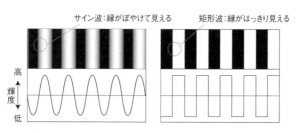

図2　縞模様のパターン。左はサイン波、右は矩形波

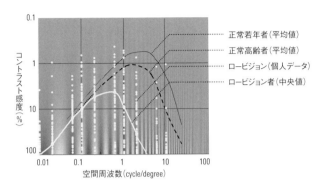

正常若年者（平均値）

正常高齢者（平均値）

ロービジョン（個人データ）

ロービジョン者（中央値）

図3　ロービジョン者のコントラスト感度（両眼1秒明所視）

い縞が見えても細かい縞が見えないとは、輝度が急激に変化する細かい縞の成分（高周波成分）が見えにくくなるため、たとえば**図2右**のような縞の縁が明確な区切りとして見えず、**図2左**のように縁がぼやけて見えることになります。つまり、細かい情報、たとえば晴眼者には区別できる小さな形や細い線などがロービジョン者には見えにくいことを示します。

　このように縁がぼやけたり、細かい情報は見えにくいことはありますが、白黒など輝度の差が十分あったり、大きいものであれば、「存在がわかる」または「大まかな形がわかる」ことがあります。

文字の読み

　読むことができる最小の文字のサイズ（最小可読文字サイズ）は、文字の特性である字体、画数、大きさ、文字と背景との輝度の比（以下、輝度コントラストとします）、および視力によって変わります。一般的にはゴシック体のほうが明朝体よりも、画数が多い漢字よりは画数の少ない漢字やひらがな、数字のほうが可読文字サイズは小さくなります。そしてコントラストが高いほうが、低いときよりも同様に小さくなります。さらに一般的には高齢者は若年者より最少可読文字サイズが大きく、ロービジョン者はさらに大きくなる傾向があります。

　図4はある文字サイズに対し何％のロービジョン者が読めるかを示した図です。ロービジョン者の場合は、視野の広さや視力によって適正な文字サイズが

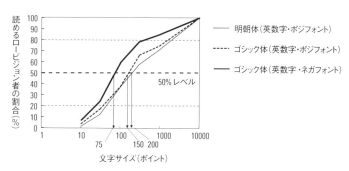

図4　文字種別ロービジョンの可読率（提示時間制限1秒、両眼）

決まりますが、個人差が大きく、一概にこのサイズであればよいと決めること
は難しく、視野がある程度あれば、より大きな文字のほうが読みやすくなりま
す。またロービジョン者の場合、黒地に白文字のネガフォント（ネガティブコント
ラストの文字）のほうが白地に黒文字のポジフォントよりも読みやすくなること
が多い傾向があります。**図4**では同じゴシック体でも50％の可読率とするには
ネガフォントで文字サイズ75ポイント、ポジフォントで200ポイントが必要な
ことを示しています。またこれらは1秒しか提示しない場合ですが、時間制限
をなくすと可読率は高くなる傾向があります。

視野

　情報はそこにあると気がつきやすい位置に配置することが重要です。その気
がつきやすい配置は視野の特性から考えることができます。視線がその方向を
むいていなくても、何かがあるとわかる（検出できる）視野の範囲は、見ているも
のの視覚的特性（色、背景との輝度コントラスト、大きさ）などによって変わります。サ
イズが大きいもの、背景と輝度差が大きいもの、背景との色の差が大きいもの
ほど検出できる視野の範囲は広くなります。**図5**は高齢者・若年者ともコントラ
ストが大きい（輝度対比0.8）もののほうが小さいものより検出範囲が広く、また高
齢者のほうが若年者よりその範囲は狭くなっていることを示しています。
　ロービジョン者は視野の欠損が複雑な場合や視野狭窄（視野が狭くなる状態）の
影響で、この検出できる範囲が非常に狭い場合があります。そのため足下付近

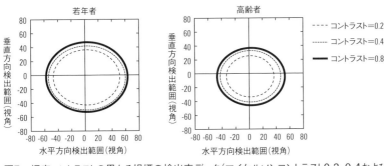

図5　輝度コントラストの異なる視標の検出率データ（マイケルソンコントラスト0.2、0.4および0.8の50％検出率データ、視標の大きさ2度）

にある床や路面の凸凹や突起などに、気がつきにくくなることもあります。ロービジョン者への配慮は、このような突発的な変化をなるべく少なくすること、また、どうしても気がついてほしいものは大きくまたは輝度を高くして周囲とのコントラストを上げることが考えられます。

見やすい環境とは

　高齢者やロービジョン者の見え方には幅がありますが、ここで述べた視力やコントラスト感度、色や光の知覚、文字の読み、視野の広さなどを考慮し、見ているものの大きさ、輝度コントラストの差、複雑さ、提示する場所などを変えることで見え方を改善することができます。しかし見え方が多様であるがゆえに、ひとつの要素だけを検討するのでなく、様々な要素を検討することが重要です。たとえば色の違いだけでなく輝度コントラストを高くする、または文字と色を組み合わせて表示する、さらには視覚だけでなく音や触覚など他の情報と合わせて提供するなど、複数の情報で表示することが望まれます。また、大きさや輝度、環境照度、提示する時間、見やすい距離を調整できる、など様々な調整が可能で自分の能力に合わせて見ることができる環境を提供することも見やすさにつながります。そして、気づきやすさについては大きくする、輝度を高くする以外に、自然に目に入りやすい場所に置く、予測しやすい規則的な配置にすることも重要となります。

先天色覚異常と「見ること」

色覚の分類と眼科医療

　健康診断で色の見え方の検査を受けたことのあるひとは、「色盲」や「色弱」といった言葉を聞いたことがあるかもしれません。これらは、色彩の扱いが生まれつき不得手であることを指す、昔の医学用語です。この「色盲」という言葉は「色がまったく感じられず、白黒の世界を見ている」という誤った印象を与えますし、「色弱」には「色の感じ方が弱く、色が薄く見える」あるいは「光の感じ方が弱く、視界が暗い」といった誤ったイメージもあります。こうした誤解を避けるため、これらの語は医学用語から削除されました。2005年以降、**表1**に挙げた言葉が、正式な診断名として使われています。診断が確定したひとを指すときは、診断名の後ろに「者」をつけます。本節では、おもに「2色覚者」の生活実践についてお話しします。

　先天色覚異常は遺伝によって決まり、その人口割合は、それぞれの民族に固有の固定的なものであると考えられています。日本では、男性の4.50%、女性の0.156%に先天色覚異常があるとする、精度の高い統計値が用いられます。先天色覚異常の人口構成比は、異常3色覚が約61%、2色覚が約39%、1色覚が0.01%以下です。これを2020年の日本の人口に当てはめると、異常3色覚者は約175万人、2色覚者は約111万人と推計することができます。

　ヒトが色彩をとらえるときには、脳・視神経・眼などを連係させています。これを総合して「色覚」と呼ぶのですが、脳や視神経の働きについては、まだ詳しいことがわかっていません。そこで、ヒトの色覚を分類するにあたっては、眼球の生理的な仕組みに着目することとなります。**表1**のS・M・Lは、眼球の中にあって「錐体」と呼ばれる、光をとらえる仕組みのことです（13ページ参照）。正常

表1　色覚に関する医学用語と分類

					S	M	L
色覚異常		正常色覚（別称：3色覚）		略称：N	○	○	○
	先天色覚異常	異常3色覚 旧称：色弱	1型3色覚	略称：PA	○	○	△
			2型3色覚	略称：DA	○	△	○
			3型3色覚	略称：TA	△	○	○
		2色覚 旧称：色盲	1型2色覚	略称：P	○	○	×
			2型2色覚	略称：D	○	×	○
			3型2色覚	略称：T	×	○	○
		1色覚 旧称：全色盲	錐体1色覚		○	×	×
					×	○	×
					×	×	○
			杆体1色覚		×	×	×
	後天色覚異常 後天色覚異常は、先天色覚異常以外の色覚異常の総称。生理的な性質による分類ではない						

S　短波長感性錐体、略称：S－錐体
M　中波長感性錐体、略称：M－錐体
L　長波長感性錐体、略称：L－錐体
○　錐体が正常に働いている
△　錐体の仕組みは正常でないものの、それなりに働いている
×　錐体がまったく働いていない、または、錐体を生まれつきもっていない

　色覚者は、3種類の錐体のすべてをもっていて、それらを十分に機能させています。対して、異常3色覚者は、錐体のうち1種類が十分に機能していない、2色覚者は、錐体のうち1種類がまったく機能していない、という状態にあります。

　豊富な専門知識と臨床経験をもつ眼科医のみが行っている「色覚外来」を受診すると、様々な検査を経て、**表1**のように細かく分類された診断が下されます。しかし、色覚外来は、全国に数えるほどしか開設されていません。先天色覚異常には治療や矯正の方法がなく、「身体障害者」の認定対象にもならないからです。色覚の機能障害については、一部の職種や職業資格に社会的な制限が設けられているため、そうした進路を志望するひとが詳細な診断名の告知と職業選択に関する助言を求め、色覚外来を利用しています。

　一般的な「治療を目的とした眼科医療」では、色覚検査を通して、先天色覚異常ではない色覚の機能障害、つまり後天色覚異常を発見しようと努めます。もし後天色覚異常だった場合、その原因疾患（緑内障や糖尿病など）を特定し、すぐ治療に移行しなければならないためです。

「日常生活に支障がない」と言われてきた理由

　色覚の機能障害に起因して、特定の色を見つけられなかったり、色を取り違えたり、色名（しきめい）を呼び違えたりと、色彩の扱いに誤りが生じることを「色誤認（いろごにん）」と

いいます。異常3色覚者は、色誤認が比較的少なく、日常生活に支障はないと考えられています。一方の2色覚者には、色誤認が比較的多く見受けられるものの、やはり同様に「日常生活に支障はない」と言われてきました。これには、社会的な事情があります。

　過去、2色覚者の多くが、学校健康診断の際に簡易な色覚検査を経験し、幼少期に告知を受けてきました。告知後、家族らによって色彩に関する助言が繰り返されると、2色覚者であっても色誤認を起こしやすい場面が予見できるようになり、予防的な生活をし始めます。そうした生活が定着すると、人前では色誤認を起こさなくなります。もちろん、予見できないことが発生すれば色誤認をしますが、予防的な生活が習慣化する中で周囲と上手にコミュニケーションをとることを覚え、およそ成人するくらいまでには、色誤認を大きな問題に発展させないよう無難にふるまい、その場をうまく切り抜けることができるだけの対処方法を身につけていきます。——このような生活実践が可能だった時代が数十年ものあいだ続いたことから、2色覚者も「日常生活に支障はない」と言われるようになったのです。

　近年、個人情報の扱いに絡み、健康診断の目的が問い直される中で、2001年を境に雇入時健康診断や学校健康診断での色覚検査の実施義務が廃止されていきました。色覚検査が敬遠される時代に入り、2色覚者の日々の生活や「生き方」にも変化が起きているようすがあります[表2]。

　2色覚者は、一般に、自力のみで色誤認に気づくことができません。他方、その隣人たちも、色誤認に気づくことは滅多にありません。ひとは、他者が見ている世界を覗き見る手段がないにもかかわらず、「他者は自分と同じ世界を見ている」という思い込みをもって暮らしているからです。色誤認の場面に遭遇した正常色覚者は、ミスをしたひとがまさか2色覚者だとは想像もしていないため、色誤認によるミスであるとの理解ができず、「このひとは単純な作業をよく間違う。きっと、そそっかしい性格なのだろう」などと表面的にのみ解釈します。そして、「もっと注意深くやれ」といった的外れな教えを示し、コミュニケーションを終えてしまいます。ミスを指摘された側の2色覚者は、「さっきは何かを間違えたらしい。次からは落ち着いてやってみよう」と自省し、作業スピードを下げて慎重に対処しようとします。もしミスがなくならなければ作業の完遂

表2 2色覚者における自他の関係性と生活実践

		自身の色覚の特性に関する意識程度	
		自覚していない	自覚している
周囲との関係性	知られていない状況	a. 学校健康診断での色覚検査がなくなった世代 b. ミスをするたびに「注意力や性格に欠点がある」ような誤解を受ける c. 色誤認に関して学習することがなく、不可解なミスを繰り返す	a. おもに学校健康診断で色覚検査を受診した世代 b. ほとんどの場面ではカミングアウトしない c. 色誤認を起こさないよう、予防的に生活する。うまくコミュニケーションをとって切り抜ける
	知られている状況	a. 色覚検査の受診経験がない者。または診断を受けた幼少期の2色覚者 b. まれに、観察力・注意力の高い家族によって色覚の機能障害が察知される c. 色誤認の知識の学習過程。実践経験は少ない	a. おもに学校健康診断で色覚検査を受診した世代 b. 家族には知られている。場面によっては自らカミングアウトする c. 隣人から助言を得ることができる。色誤認に関する知識が蓄えられる

a. 色覚検査の受診経験、年齢属性、該当する世代など
b. 2色覚者とその周囲との関係性。あるいは関係性が顕在化する状況や場面
c. 2色覚者による生活実践。あるいは実践に至る以前の状況

を諦め、結果、低い立場に見られることとなります。——このように、自覚のない2色覚者と正常色覚者とのあいだには、まるで「言語の違い」のようなコミュニケーションの断絶があります。

　2色覚者は、他者から色誤認を指摘され、かつ、その指摘の内容が理解できて初めて、自身の色覚の特性を知ることができます。長年にわたり2色覚者の自覚のきっかけとして使われてきた色覚検査が下火になったことで、これからの2色覚者は、個々の特性や生活環境に即した実践技術を獲得することが難しくなっていきます。自覚のない2色覚者は、不可解なミスを繰り返すという現実が自己責任に転嫁されかねず、現在の厳しい社会環境にあっては、様々な場面で不利を強いられる可能性があります。

「形」と「色」と「意味」を考える

　「色彩」について、心理的な側面から考えてみましょう。ひとは、外界から眼球に入ってくる無数の光を「意味あるもの」として認識し、利用しようとします。そうした認識にあたっては、形態と色彩を一体のものとしてとらえます。つまり、あるひとが何かの形をとらえたときには同時に色があり、何かの色をとら

えたときには同時に形もある、ということです。

　逆に言えば、「意味あるもの」として認識できていないときは、目に見えているはずの形や色ですら気に留めていません。たとえば、「迷彩」と呼ばれる色柄模様を見てみてください。「迷彩」には形も色もありますが、普段は認識していません。しかし、「ここにはどんな形や色があるんだろう」という興味をもった途端、形と色が見えてくるはずです。

　自覚的な2色覚者の日常には、これと同様のことが起きています。たとえば、「一本の木があった。はじめはただ葉っぱが繁っているだけだと思っていた。ところが、ひとが『あの実はもう食べられる』と言うので、『どれどれ…』と身を乗り出したら、その瞬間に、たくさんの柿の実が見えてきた」といった現象です。このようにして見るには、形と色を統合させた知識が必要です。この例の場合は、柿の実や葉や枝ぶりなどの形と色をすでに知っていたために見えたわけですが、こうした知識をもっていない(幼児などの)2色覚者の場合は、おそらく見えないと思われます。

　生物や鉱物など、天然に生成される形や色は、容易には加工できません。一方、人工物であれば、形も色も任意に操作することができます。もし、2色覚者が「見えない」「読めない」「わからない」などと訴える色があったら、その形も含めて改善したいところです。とはいえ、2色覚者の訴えを言葉どおりに解釈しないよう、注意しなければなりません。「迷彩」の例でお話ししたように、ヒトは、見えていても「見えない」と発言するものだからです。

　表3①に、2色覚者が色誤認をしやすい色彩の組み合わせを挙げました。これを、問題箇所を見つけるためのヒントに用いてください(これは、色彩の「使用禁止ルール」ではありません)。色誤認の起きている箇所が特定できたら、2色覚者による色彩の感じ方に**表3**②のような傾向があることを念頭において、少し形と色を調整します。調整するときは、正常色覚者と2色覚者に共通する、基本的な考えかた[**表3**]③を使います。**表3**③を読んで難しいと感じたら、問題箇所をデジカメで撮り、白黒画像に変換してみてください。白黒画像を見て、目立たせるべきものと控えめに示すべきものの関係がうまく表現できているようであれば、まず問題はありません。もし、白黒画像を見て、うまく表現できていないと感じたら、記号や文字の形を修正してみてください。たとえば、少し文字の大きさを変

表3 2色覚者の感じ方やとらえ方を理解するためのヒント

① 2色覚者が「似た色」や「同じような色」としてとらえる傾向のある色彩の組み合わせの例

黄緑 ——	黄 ——	オレンジ	濃い(暗い)青 ——	濃い(暗い)紫
水色 ——	薄い紫 ——	ピンク	深緑 ——	濃い(暗い)赤・焦げ茶
シアン ——	マゼンタ			

② 正常色覚者からみた、2色覚者による色彩の感じとりかた

・グリーンやレッドの要素が含まれた光(電球や画面など)は、少し暗く、色あいが少なく感じられる場合がある
・シアンやマゼンタの要素が含まれた色(物体の表面や塗料など)は、少し暗く、濁って感じられる場合がある

③ 2色覚者を対象とした「情報のデザイン」をつくるためのポイント

・できるだけ色彩を減らす。利便性を高めたり、ひとの気を引こうと寂しさやつまらなさを紛らわす目的で色彩を加えがちだが、2色覚者にとっては、モノトーンで表現された情報のほうが読み取りやすいし、色彩を多用したものに不快を覚えることも多い
・色彩のみで情報を伝えようとしない。正確な情報伝達には、記号や文字など、形態を用いた表現が適している
・可変式の表示機器を使って情報を伝えようとする際には、色と形だけでなく、提示時間を検討する。2色覚者は、迅速な判断を要求されることに対し、とくに困難を感じる
・文章や音声で情報を伝える際は色名を用いない。2色覚者は、色名と色彩の対応関係が一定でないため、色名を提示した場合、正確に伝達されるとは限らない
・色光を用いた情報伝達の際、色彩のみに意味を与えない。2色覚者は、発光する色彩の弁別を不得手とする。とくに、LED素子の色彩の理解に困難がある
・色彩のもつ規範的意味(たとえば「赤」は危険・注意・禁止など)と異なった色彩の用い方をしない。2色覚者は、色調の判断や色彩調和、色彩に関する感性的な判断に困難がある
・その他、色彩に関する一般的な課題を理解しておく。たとえば——光源によって色の感じかたが変わる(特に、屋外は光源の環境が大きく変化する)。面積が小さくなるほど、色あいを感じにくくなる。物体表面の質感が変わると色彩の感じ方も変わる(光沢・半光沢・マット・エンボス・ヘアラインなど)。2色を比較しようとしたとき、距離が離れているほど、色彩の差がわかりにくくなる。製作時や設置時のことだけでなく、褪色・変色・汚損などが生じた場面も想定する——といったことをふまえて意匠計画を行う。

えたり、書体を変えたりするだけで、表現はよくなるはずです。

　人類は、長い歴史の中で形と色を自在に扱い、「意味あるもの」として用いてきました。「意味」は文化によって異なりますので、形や色の変更は、文化的規範から外れない範囲で行います。文化に逆らった形や色を使うと「意味」が伝わらなくなるためです。とくに、「普遍的な意味」をもった色彩を変更しようというときは、様々な文化属性をもった人々が集まり、議論を深める必要があります。たとえば、鉄道・船舶・自動車・航空機などの合図、機械や工場の操作表示、道路標識や交通信号などに用いられる色には、安全性や危険性などの「普遍的な意味」が与えられ、国境を越え、言語以上に広く認知されています。安易な色彩の変更は、かえって混乱を招く原因となりますので、注意が必要です。

「見ること」による空間認知
ロービジョン者の歩き方を通して

歩行時に利用される情報とロービジョン者の関係

　普段、屋内や屋外を歩いている際にどのような視覚情報を利用しているのか、自覚的であるひとは少ないのではないでしょうか。なぜなら、視覚情報はあまりに自然に取り込むことができるので、意識してなんらかの情報を探しながら歩いてはいないからです。では、歩行時に必要な視覚情報とはどのようなものなのでしょう。それを考えるために、本節ではロービジョン者の歩き方に着目します。利用できる視覚情報の限られたロービジョン者が用いる視覚情報やその利用方法がわかれば、誰にでも必要な視覚情報とその使い方について、重要なヒントが得られるはずです。

視力・視野と歩行時に使われる視覚情報の関係

　ここでまず、見えづらさと環境の情報の関係について確認しておきましょう。見えづらさには、大きく分けて視力と視野が関係しています。まず視力について、視力が低くなると、当然ながら遠くのものが見えなくなります。そのため、いくら大きなサインを設置しても、近づかないと気づくことはできません[図1①]。次に視野について、視野が制限される場合には、大きく分けて視野の外側が見えなくなる場合（視野狭窄）と、視野の中心が見えなくなる場合（中心暗点）の2つがあります。視野狭窄の場合、視力が保たれていれば遠くの場所のサインなども見つけられますが、視線を移すとすぐに見失ってしまい、再び見つけることが困難です[図1②]。中心暗点の場合、周辺視野によって足下や周囲の状況が確認できることが多いのですが、目の前のサインやひとの顔などを確認す

図1　低視力・視野狭窄・中心暗点の見え方のイメージ（写真はイメージであり、正確に見え方を再現したものではありません）

ることが難しく、ひとによっては文字情報がまったく利用できないこともあります[**図1③**]。

屋内環境でのロービジョン者の視認動作

　このように、利用できる視覚情報が制限されるなかで、ロービジョン者はどのような情報を利用して歩行しているのでしょうか。意識的に行われることの少ない歩行時の視認動作を確認するため、アイマークレコーダーという、見ている箇所をリアルタイムに計測・記録できる装置を用いて、屋内・屋外の両方でロービジョン者の視認動作を調査した結果を紹介します。

　屋内での調査は、ある比較的小規模の眼科クリニックで行われました。この眼科クリニックでは、安全に歩行できる部分をベージュ色の塩ビタイルで、家具などが置かれた部分を濃紺のタイルカーペットで仕上げ、はっきりと区別しています[**図2**]。また壁は床からの高さ1.3mの部分で仕上げの素材と色を分け、壁の存在をわかりやすく示しています[**図3**]。

図2　測定・検査室

図3　待合室

　ここをロービジョン者と晴眼者に歩いてもらい、視認動作を比較した結果、ロービジョン者は床面、とくに塩ビタイルとタイルカーペットの境目など、連続的に続くエッジの部分を注視して歩く傾向が見られました。また、晴眼者は検査室のベンチなど、行く先を一度発見するとあまり視点を動かさず、周辺視野を利用して方向を定めたり危険を回避しているのに対し、ロービジョン者は近くの家具や床面など多くの場所を、頻繁に視点を動かしながら見ています。この傾向は、視野が狭いロービジョン者ほど強く見られました。

ロービジョン者の歩きやすい屋内環境

　これらの結果から、ロービジョン者が歩きやすい屋内環境の条件を考えます。晴眼者の視認動作を見ると、晴眼者はまず一度中心視で目的地や曲がり角を確かめると、それ以上はあまり視点を動かさずに歩きます。また、歩行経路上に障害物がないかについては、周辺視によって確かめています。

　視力・視野になんらかの問題が生じると、このような「なんでもない」行為が、とても難しくなります。視力が低くなれば、遠方の情報は存在自体がわからず、近くの情報を使わなければなりません。大きな案内サインを取り付けても、そもそも見つけることができなければ、まったく役に立ちません[**図4**]。その代わり、自分の近くにある情報、たとえば床や壁の色などが、連続的に目的地まで続いている環境であれば、目的地の方向を知ることができます。視野狭窄の場合でも、このような連続的な情報はとても有効です[**図5**]。ただし、視野狭窄の状態

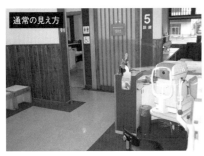

図4　サインがあっても、そもそも存在がわからなければ使われない（図5ともに画像はイメージであり、正確に見え方を再現したものではありません）

図5　視野狭窄の場合、広い面積の連続的な情報は使いやすい

では、一度に取得できる情報は限られているため、あまり小さな面積の情報では、一度視野から外れてしまうと、再び見つけ出すことは困難です。そのような場合、たとえば壁と床のコントラストが強く、連続的に目的地まで続いていれば、視点を動かしながらでも確認することができ、安心して目的地に到着することができると考えられます。

屋外環境でのロービジョン者の視認動作

　次に、屋外環境でロービジョン者が歩行する際に利用する視覚情報について考えます。屋外の歩行環境は、大きく車道と歩道に分けることができます。道路がある程度広ければ、歩車道が分離され、歩道を歩くことになります。道路が狭ければ、路側帯を示す白い区画線によって、車道部分と歩行者が歩く部分が区

図6　広い道路に設けられた歩道

図7　白い区画線付きの車道

分けされています。そこで、広い道路に設けられた歩道［**図6**］と、白い区画線付きの車道［**図7**］をロービジョン者に歩いてもらい、どのように視覚情報を利用しているのか、アイマークレコーダーで記録する調査が行われました。なお、歩道には視覚障害者誘導用ブロックが設置されています。

　この結果から、おもな注視対象物とそこまでの平均距離を図にまとめたものを示します［**図8,9**］。ここで、図中の円の大きさは、全体の注視に対してその注視対象物を見た割合に比例しています。まず歩道では［**図8**］、晴眼者はおもに遠くの建物を見ながら歩いていますが、ロービジョン者は近くの地面や視覚障害者誘導用ブロックを見ながら歩いていることがわかります。次に車道では［**図9**］、晴眼者は歩道と同じく遠くの建物を見ながら歩いているのに対し、ロービジョン者は近くの地面と白い区画線を頻繁に見ていることがわかります。

ロービジョン者の歩きやすい屋外環境

　車道でも歩道でも、ロービジョン者は主に地面を、そして視覚障害者誘導用ブロックや白い区画線などを手がかりとして、歩いていることがわかりました。このような、方向を示す要素が連続的に、また視覚的にはっきり示されていることで、ロービジョン者は安心して歩行できるようになると考えられます。さらにそれらの要素がわかりやすいように、道路端に置かれた看板や自転車などを取り除き、環境を整理することで、より歩きやすい環境をつくることができると考えられます。

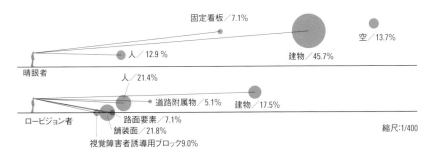

図8　歩道での晴眼者とロービジョン者の注視傾向のまとめ

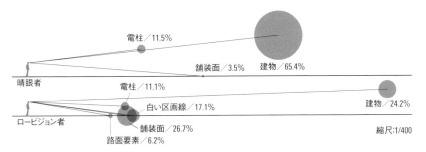

図9　車道での晴眼者とロービジョン者の注視傾向のまとめ

歩行を支える環境の要素とは

　これまで見てきたとおり、ロービジョン者が歩く際に利用している視覚情報を改めて確認すると、屋内・屋外両方の環境で、連続的に方向を示し、また一度見失っても再び簡単に見つけることができるような要素が、とても便利に使われていることがわかりました。多くの視覚情報を利用できる晴眼者は、ことさらこのような情報を意識することはないと思われますが、加齢やなんらかの疾病により視覚が制限されてきた際でも、このような要素が環境にきちんと用意されていれば、問題なく歩行が継続できると考えられます。

　また歩行環境を整備する際には、新たにこのような要素を付け加えるだけでなく、白い区画線のように、既存の環境の要素を上手に利用することも検討すべきでしょう。これらの特性を活かすことで、より快適な歩行環境をつくり出す可能性は、十二分にあると考えています。

Column
ブラインドサッカーとは何か

ブラインドサッカーとは、視覚障害者のために開発された5人制サッカーである。選手たちはアイマスクを装着し、カシャカシャと音のするボールを利用する。ゴールキーパーは晴眼者またはロービジョン者が行い、後方から選手たちに声で指示をする。監督と相手ゴール裏のガイドも、ピッチの外から指示することが許されている。アイマスクをした選手たちは、このボールの音と周囲から指示をする声、それと選手同士でかけ合う声を頼りに、ピッチ内を自由に駆け回り、豪快なシュートをゴールに突き刺す。技術向上には、もちろんボールを扱うテクニックは必要だが、それ以外にブラインドサッカーならではの重要な要素がある。

ひとつ目は、しっかり音を聞くこと。ボールの音を聞く。ピッチ上の仲間の声を聞きパスを出す。ガイドの声を聞きシュートを打つ。また、相手チームの声を聞き、状況を判断する。

2つ目は、自らも声を発して、存在をアピールすることと、不確実な点を確認すること。自らがこれからしようとすること、たとえば、パスやシュートの受け手の確認である。タイミングによっては、その受け手は声を出していないこともある。自分から相手を呼んで位置を確認し、パスの受け手の位置を確認することで、より正確なプレーにつながる。

3つ目は、収集した情報から、イメージをつくり上げること。声だけではない。足音や、息遣い、接触プレーでは相手の状態も感じ取ることができる。様々な情報からつくりあげたピッチ内の空間イメージをより現実に近づけることができるかが、選手のパフォーマンスを左右する。

photo: Gaie Uchel / Shutterstock.com

葭原滋男
よしはら・しげお
1962年生まれ、東京都港区在住。
網膜色素変性による視覚障害。参天製薬に勤務。
1992年バルセロナから2004年アテネまでのパラリンピックに、陸上競技（走り高跳び）、
自転車競技（タンデムサイクリング）で4回出場、金銀銅合計4個のメダルを獲得。
2007～2011年はブラインドサッカー日本代表として活躍、
現在もブラインドサッカーチーム〈乃木坂ナイツ〉で現役として活動中。

ブラインドサッカーを習得するためには、この３つの順番で取り組んでいくことが必要だが、習熟度によって、この必要性の順番が逆転すると思っている。
初心者は、まず足下のボールの音に集中しすぎて周囲の空間認知ができない。ベテランになると、空間認知が優先され、足下のボールの音は最終段階の情報となる。面白いことに、慣れてくると、音のしないボールでもドリブルやシュートなどが普通にできるようになるのだ。

視覚障害者がまちを歩くときも同じことがいえるのではないだろうか。足下には、視覚障害者誘導用ブロック、白杖から伝わってくる路面の状況。おそらく慣れた場所では、それらがなくても歩くことは可能だ。周囲から聞こえてくる様々な音、ロービジョン者であれば、近くの障害物や遠くの目標物など視覚的情報で、自分の進む地点、方向を認識する。収集した情報を活用して空間認知を行い、より現実に近く、より精度を高めることができるかが安全かつ安心して歩けるかの重要なポイントになってくる。視覚障害者が、どれだけ遠くに視線を持っていけるかが、まちづくりの指標になりうるのかもしれない。
今後重要になってくるのは、自分がほしい情報を自分がほしいタイミングで、いかに素早く、正確に入手することができるかではないだろうか。

第2章

聞くこと

「音を聞く」とはどういうことなのか

「聞くこと」とは

音のもつ意味と役割

　「音」は、コミュニケーションに不可欠な道具といえます。ここでいう「コミュニケーション」には2つの側面があり、ひとつは周囲のものや出来事とひととを結びつけるコミュニケーションであり、もうひとつはひととひととを結びつけるコミュニケーションです。

　ひとは離れた場所で何かが起こったとき、音を聞いてそれを知ることができます。また視線を向けていない物体であっても、それが音を発していればその存在に気づくことができます。他の物体に隠されていても、360度どの方向にあっても、夜寝ているときですら、音によって周囲の様子を知ることができます。耳はまさにレーダーの役割を担っています。

　また、他のひとと意思の疎通を図る道具として、音声はもっとも便利なものです。もちろん手話や筆談など、別の手段でコミュニケーションをとることも可能ですが、効率の良さの点では音声が圧倒的に優れているといえます。音声を用いると、相手の言葉を受け取るだけでなく自分から他者に向かって話しかけることができます。自分に注意を向けていないひとや離れた場所にいるひとに対しても、声を発することで自分に気づいてもらい、自分の意思を相手に伝えることができるのです。

　「耳が聞こえない」というのは、このような音や音声を用いたコミュニケーション手段が奪われてしまった状況を意味します。自分と周りのものやひととを結びつける糸が切れてしまった状態です。他のひとと同じ空間にいながら、その空間を共有することができない、自分だけが周りから隔離されてしまっている、そんな寂しさを感じてしまう状況なのかもしれません。

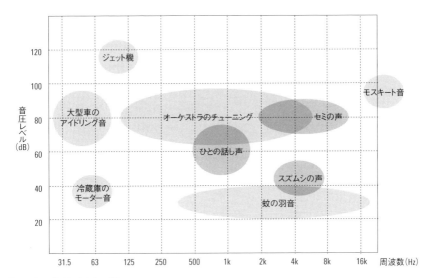

図1　音の高さと大きさの例

音と音の三要素

　そもそも「音」や「音が聞こえる」とはどのようなことなのか、簡単に確認してみましょう。まず音は空気の粒子が前後に振動することによって伝わっていく波であり、これが耳の鼓膜を振動させることで私たちは音を聞いています。

　そして音の性質を決めるもっとも基本的な要因として「大きさ」「高さ」「音色」があり、これを音の三要素と呼びます。これらは物理的な要素として「音圧」「基本周波数」「周波数特性」に対応しています。ひとは、車の音とバイクの音、ダンプカーの音などを無意識のうちに聞き分けています。またピアノとトランペットの音の違いもわかります。誰が話しているのかさえも区別することができます。これらは音の三要素をもとに聞き分けていることになります。身の周りの音について、その高さと大きさをざっくりと示したのが**図1**です。

　まず「音の大きさ」ですが、音圧が大きくなるとひとは「音が大きくなった」と感じます。音圧を数値で表す場合、単位としてdBを用い、デシベルと読みます。音のエネルギーが2倍になると音の大きさは約3dB大きくなり、たとえば、50dBの大きさの音を出すスピーカーを2つ並べると音は53dBになるのです。

　また「音の高さ」は、1秒間に空気が振動する回数で決まり、周波数で表します。単位はHzを用い、ヘルツと読みます。1秒間に1回振動すれば1Hzです。周波数の値が小さいと低い音、大きいと高い音として認識されます。人間は20Hz～20kHzまでの音を聞くことができるといわれています。たとえばオーケストラがチューニングをする、ピアノの中央のラの音はおよそ440Hzです。

　ピアノとトランペットが同じ大きさと高さで音を出していたとしても異なる音として認識できるのは「音色」が違うからです。音は普通、たくさんの波が重なってできています。ひとつの音に聞こえていても、実際には様々な大きさや高さの音が混じり合っているのです。ピアノやトランペットなどの楽器の音の場合、基本周波数と呼ばれるいちばん目立つ高さの音があり、その周波数の2倍、3倍などの「倍音」と呼ばれるものが重なって鳴っているのです。また、車の音などの場合、エンジンから出る音やタイヤから出る音など様々な音が混じり合っているので、より音色は複雑になります。

耳の仕組み

　次に、音を受けとる耳の仕組みを説明します[図2]。耳は「外耳」「中耳」「内耳」の3つの部分で構成されています。外から見える「耳介」と呼ばれる部分から外耳道、鼓膜までが外耳、鼓膜から耳小骨が中耳、蝸牛と前庭が内耳になります。

　耳介は音を集め、外耳道は音を増幅しその音波が鼓膜を振動させます。鼓膜にはツチ骨、キヌタ骨、アブミ骨という3つの耳小骨がつながっており、この耳小骨は梃子の原理で鼓膜の振動を増幅させて内耳に伝えます。また、内耳には蝸牛と呼ばれるカタツムリのような形の器官があります。この器官には音を感じ取る有毛細胞が並んでいます。有毛細胞はどの周波数の音を感じ取るかがそれぞれ決まっていて、この有毛細胞の毛が寝てしまうとそれに対応する周波数の音を感じ取ることができなくなってしまいます。

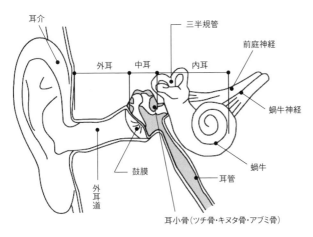

図2 耳の仕組み

耳が2つある理由

　ひとの耳はなぜ2つ、しかも左右ほぼ対称にあるのでしょうか。耳が2つあると、それぞれの耳に到達する音に時間とレベルの差が生まれます。たとえば正面よりもやや右側から音がやってくる場合、ほんの少しですが、右耳のほうに大きな音が早く届くことになります。つまり右耳と左耳には少し違った情報が届くわけです。この異なる情報を脳が受け取ることで、瞬時に音は右側から来ていると判断することができるのです[**図3**]。また耳介がとても複雑な形をし

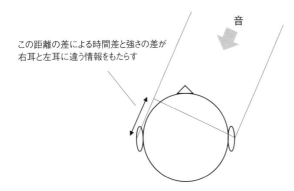

図3 耳が2つあることで得られる情報がある

ているため、これによっても左右の耳に届く情報は微妙に異なってきます。こうして左右という方向だけでなく、前後や上下といった方向についても判断できることになります。

　そして方向性だけでなく、反響の仕方や音の広がり、豊かさを感じとり、天井の高さや壁からの距離など、空間のボリュームまでもとらえることができるのも、2つの耳で音をとらえることの効用です。さらに、ひとは音源がたくさんあるなかから、自分が聞きたい音だけを選択して聞くといった高い能力がありますが、これにも耳が2つあることが力を発揮しているのです。

　ちなみにフクロウの耳は右と左でついている高さが異なり、位置だけでなく、その構造も左右で差があるといわれています。左右の耳の聞こえ方に大きな差をもたせることによって、より多くの情報を得ようとしているのでしょう。

聴力とは

　耳の聞こえを調べる基本的な方法は、聞き取ることのできるもっとも小さな音の強さ（最小可聴値、聴覚閾値）を測定することです。最小可聴値は、オージオメータ［**図4**］と呼ばれる検査機器を用いて測定します。ヘッドホンの左右どちらか一方から呈示される音が聞こえるかどうかを答えていく方法で、健康診断などで

図4 オージオメータの例

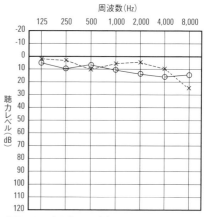

図5 オージオグラムの例

もおなじみの検査です。

　聴力測定の結果は、オージオグラムで表記されます[**図5**]。この図で、縦軸の0dBが聴力の基準となります。すなわち、聴力が正常な20歳前後のひとでは、測定結果が0dBにほぼ一致します。聴力が低下していると、文字どおり、下がったグラフとして記録されます。オージオグラムを見ることによって、難聴の種類や聞き取りにくい音の高さを知ることができます。

マスキングとは

　部屋でテレビを見ていたら、家の前の道路をバイクが横切り、その音でテレビの音声が聞き取れなくなるといったことはよくあります。これはある音によって最小可聴値が上昇し、一方の音が聞こえなくなるために生じるとされています。この最小可聴値が上昇する現象をマスキングといいます。

　一般的に高い音のほうが低い音よりもマスキングされやすく、また後から鳴った音が先に鳴っていた音をマスキングしやすいと言われています。つまりエアコンのような低い音と音声が同時に鳴っている場合、マスキングによって音声が聞き取りにくくなりやすいのです。また、同じ音声であっても後から聞こえてきた音声によって、先に聞こえていた音声は聞き取りにくくなるのです。

　このマスキング現象は、駅のアナウンスが電車の音で聞き取りにくくなるなど、困ったことの原因になりますが、カフェでBGMを流すことにより近くの席のひとの話し声やキーボードを打つ音がマスキングされて過ごしやすくなるなど、良いことにも使われています。

高齢者・聴覚障害者にとっての「聞くこと」

聴覚障害の程度と種類

　聞こえの様子を表すために、いくつかの周波数で測定した最小可聴値から「平均聴力レベル」を求めることがあります。最小可聴値は周波数によって異なるため、聞こえの様子を表す場合、「平均聴力レベル」が使われます。平均聴力レベルの算出方法はいくつかありますが、日本聴覚医学会難聴対策委員会では、500、1k、2k、4kHzのそれぞれの聴力レベルをa、b、c、dとした場合、(a+b+c+d)／4という式で算出された数値(dB)を用いることを推奨しています。平均聴力レベルと聞き取りの不自由度との関係は、およそ**表1**のようになります。また、平均聴力レベルが40dBを超える場合に補聴器が必要と判断されることが多いようです。

　聴覚障害は、障害のある部位によって、伝音性難聴、感音性難聴、混合性難聴に分類することもできます。伝音性難聴は外耳から内耳の入口に至るまでの部位の障害による難聴で、多くの場合、補聴器などを使って耳に入力する音を増幅することで、聞こえを改善することができます。感音性難聴は、内耳または内耳から脳の聴覚中枢にいたるまでの部位の障害による難聴です。加齢に伴う聴力低下のおもな原因も感音性難聴にあります。感音性難聴の場合、音が小さく聞こえるだけでなく、ひずんだり響いたりして聞こえることがあり、補聴器などで音を増幅するだけでは、十分に聞こえを改善することができません。混合性難聴は、伝音性難聴と感音性難聴の両方の要因を併せもつ難聴です。

　このように、「聴覚障害」とひと言でいっても、その程度と種類は様々です。また、まったく音が聞こえない、いわゆる全聾のひとはあまり多くありません。90％以上の聴覚障害者には、なんらかの聴力(残存聴力)があるといわれています。

表1　平均聴力レベルと聞き取りの不自由度

難聴の程度	平均聴力レベル	聞き取りの不自由度
軽度難聴	25dB以上 〜40dB未満	小さな声や騒音下での会話の聞き間違いや聞き取り困難を自覚する。会議などでの聞き取り改善目的では、補聴器の適応となることもある
中等度難聴	40dB以上 〜70dB未満	普通の大きさの声の会話の聞き間違いや聞き取り困難を自覚する。補聴器の良い適応となる
高度難聴	70dB以上 〜90dB未満	非常に大きい声か補聴器を用いないと会話が聞こえない。しかし、聞こえても聞き取りには限界がある
重度難聴	90dB以上	補聴器でも、聞き取れないことが多い。人工内耳の装用が考慮される

(出典:日本聴覚医学会難聴対策委員会報告「難聴(聴覚障害)の程度分類について」2014年)

時間分解能・周波数選択性の低下

　小さな音が聞こえるかどうかだけでなく、障害によって聴覚の様々な側面が変化します。

　音の短時間の変化を聞き分ける能力を、聴覚の時間分解能といいます。聴覚に障害を受けると、この能力が低下することがあります。そのため、音声の聞き間違いが多くなります。たとえば「か /ka/」と発声した場合、子音の/k/の部分は、母音/a/に比べて音量が小さく、また持続時間も短いため、時間分解能の低下した耳では、/a/は正しく聞き取れても/k/は聞き取りにくくなります。その結果、「か」を「た /ta/」や「な/na/」と聞き間違えてしまい、「環境」が「反響」や「単調」と聞こえてしまうことも出てきます。

　たくさんのひとが雑談している中でも、自分が注意を向けたひとの話だけは聞き取ることができることを「カクテルパーティ効果」といいますが、これは聴覚の周波数選択性という能力によるところが大きいと考えられます。この能力もやはり、聴覚の障害によって低下します。この低下によって、たとえば周囲に騒音がある場所で、相手の話し声を聞き取ることが難しくなります。静かな場所では会話に不自由しなくても、うるさい場所での会話に困難を感じることがあるのは、この周波数選択性の低下によるとされています。

本節の内容は、日本騒音制御工学会編、船場ひさお・太田篤史・倉片憲治・武田真樹共著『バリアフリーと音(Dr. Noiseの『読む』音の本)』技報堂出版、2015年を元にした

「耳が遠くなる」とは

　歳をとると「耳が遠くなる」、といういい方をすることがよくあります。この「耳が遠くなる」とは、いったいどのような耳の状態を指すのでしょうか。

　まず顕著に表れる症状が、小さな音が聞き取りにくくなる、あるいはまったく聞こえなくなることです。その様子を、**図1**に示します。年齢が上昇するにしたがって、曲線がしだいに下がっていきます。この曲線が下がった分が、すなわち聴力の低下を表します。

　この図を見てまず気がつくことは、曲線の低下の仕方が周波数によって異なっていることです。低い周波数に比べて高い周波数のほうが、曲線は大きく低下しています。つまり、高い音が聞き取りにくくなるというのが、歳をとるにしたがって顕著に表れる症状です。聴覚障害ではどの周波数の聴力が低下するかは様々ですが、加齢による聴力低下の場合は、このように高い周波数から生じるのが一般的です。

　さて、**図1**は、聞き取れるもっとも〈小さな〉音を測定したものでした。では、話し声のようにもっとも日常的に聞く〈大きな〉音の聞こえ方はどのように変

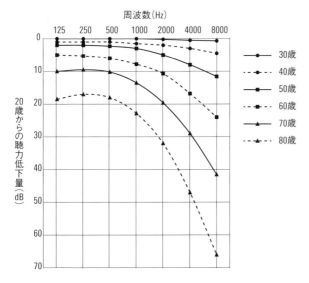

図1　年齢による最小可聴値の変化（提供：倉片憲治）

わるのでしょうか。

　まず、**図1**は高い音が聞き取りにくくなることを示していましたが、高い音はどのような場合にもこの図のように聞き取りにくいわけではありません。音が弱い場合は確かに**図1**のように聞こえが悪いのですが、音が強い場合には、高い音も低い音と同程度に聞こえていることが知られています。この現象は、リクルートメント現象（補充現象）と呼ばれます。

騒音評価と高齢者の聞こえ

　数千円くらいでも買うことのできる簡易な騒音計で音の大きさを測定すると、○○dBと騒音レベルが表示されます。この値は、マイクロホンから入力された音の強さを、そのまま表示したものではありません。「A特性」と呼ばれる周波数重み付けを施した上で、数値を表示しています。

　A特性の重み付け曲線を、**図2**に示します。ヒトの耳は、低い周波数と非常に高い周波数に対する感度が低く、3kHz付近の感度がいちばん高くなっています。A特性は、このようなヒトの聴覚特性を模したものです。そのため、A特性を用いて音を測定したほうが、音を聞いたときの大きさの印象との対応がよくなります。

　ところで、この周波数重み付けは、あくまで20歳前後の若年者の聴覚特性に

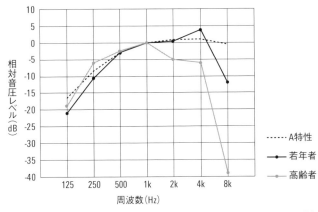

図2　A特性重み付け曲線と若年者・高齢者の感度曲線（提供：倉片憲治）

基づいていることに注意しなければなりません。**図2**では、A特性の重み付け曲線に、若年者と高齢者の感度曲線を重ねています。当然のことながら、若年者の感度曲線はA特性の重み付け曲線とよく一致しています。

　しかし、加齢に伴って高い周波数の音に対する感度が大きく低下していきます。高齢者の感度曲線とA特性重み付け曲線は2kHz以上の高い周波数で大きくずれています。そのため、A特性を用いた騒音レベルの測定では、高齢者の感じる音の大きさの印象をうまく推定することができません。たとえば、低い成分が強い50dBの音のほうが、高い成分が強い60dBの音よりも、高齢者にとっては大きく聞こえる場合もあるのです。

高齢者への話し方

　それでは聴力が低下した高齢者には、どのような声で話しかけたらよいでしょうか。まず思いつくのは、大きな声で話しかけることでしょう。加齢に伴って小さな音を聞き取る能力が低下していきますので、ある程度、大きな声で話しかけることは必要です。

　しかし、それでも「聞こえない」と相手から返されることがあります。大きな声で話しかけているのに、なぜ「聞こえない」といわれるのでしょう。その場合、さらに大きな声で話しかければよいでしょうか。実は、声を大きくしても、そのような高齢者には依然として音声が理解しにくいのです。もちろん、大きな声で話しかければ、音としては聞こえるようになります。しかし、必ずしも理解できるようにはなりません。つまり声が発せられていることはよくわかるけれど、何と言っているのかがわからないのです。

　声を大きくしても聞き取りやすくならないのには、聞き手側である高齢者と話し手側の両方に原因があります。高齢者の聞こえは、極端な言い方をすると、小さい音は聞こえず大きい音は普通に聞こえる状態です。ひとの話には抑揚があるため、盛り上がったところだけ聞こえてその他は聞こえない、つまり話がとぎれとぎれに聞こえるような不自然な聞こえ方になり、意味を理解することが難しくなるのです。

　高齢者側の要因としてもうひとつあげられるのが、言葉を理解する速度の低

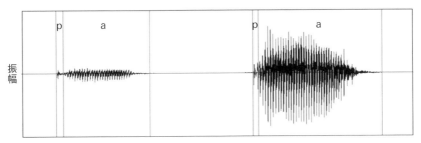

図3 小さい声で「pa」と言ったときと、大きい声で「pa」と言ったときの振幅変化（提供：倉片憲治）

下です。すなわち、相手の話し声が聞き取れても、何と言っているか、その意味を理解する脳内の処理が追いつかなくなるのです。

　一方、話し手側の問題としては、声量を変えたときの音声の変化があります。声を大きく話しても、テレビのボリュームを変えたときと同じようには大きくはなりません。声量を上げると、母音はそれに応じて大きくなります。しかし、子音はそれほど大きくはなりません。このため、大きな声で話しても、高齢者には「ぱ」なのか「ば」なのか、あるいは「ま」なのか、うまく聞き分けられないのです。これは、ほかの多くの子音でも同様に生じますので、会話のいたる部分で子音が聞き取りにくいことになります。

　このように、高齢者に対しては、適度に大きな声で話すことは重要です。しかし、さらに聞きやすくわかりやすくするためには、話すスピードを落としてゆっくり、はっきりしゃべることが効果的です。

音声が聞き取りやすい環境とは

　補聴器を使用しているひとや高齢者が音声を聞き取りやすくするには、周囲の音環境を整えることも重要です。駅のホームのように喧騒感の高い場所では会話が難しいひとでも、静かで聞こえる音の種類が少ない場所であれば十分に会話ができることもあるのです。また、響きやすい環境では音が壁や天井で反射して音の方向性がわかりにくくなるため、音声が聞き取りにくくなります。外部からの騒音を遮り、天井や壁、床に吸音性の高い建材を使用するなど、建築的な配慮をすることも大切です。

「聞くこと」による空間認知
視覚障害者から学ぶ

視覚障害者に学ぶ

　通勤や通学のとき、買い物に出かけるとき、遊びに行くとき、どんな音を聞いて移動していますか。とくに慣れた場所ではなにげなく行動していて、どんな音の情報を利用しているのかとあらたまって聞かれても、なかなかうまく説明できないのではないでしょうか。音は周りのあらゆる方向からやって来るので、すべての音に注意を配ることは大変です。したがって大半のひとは、耳に届く多くの音を強く意識することなく聞き流しています。また、たとえば後ろから来る車に音で気づいた後に目視して確認することがあると思います。大抵このようなときには、実際には音を利用していても「目で見て車の接近に気がついた」と思ってしまい、音を利用しているとは思っていません。このような理由から、「音の利用」を客観的に説明することは意外と容易ではありません。

　音の利用を考えていくにあたって、大きなヒントを与えてくれるのが視覚障害者です。目が見えなかったり見えにくかったりするため、外出する際には晴眼者と比較して音を積極的かつ意識的に利用する傾向にあります。この意味では、単独で外出する機会の多い視覚障害者は、音の利用に関するプロと呼べるかもしれません。本節では、視覚障害者の外出歩行を参考にしながら、音の情報利用についてみていきましょう。

衝突を避ける

　ハイブリッド車や電気自動車が世の中に出回りだした頃、視覚障害者から「車の存在がわからず怖い」という声が多くあがり、音を出す装置をつける方向に

動いていきました。一般的に「騒音」ととらえられていた車の走行音は、実は車を避けるのに大切な情報源だった、ということを広く世に知らしめました。

　たとえ視覚障害者でなかったとしても、ハイブリッド車や電気自動車にドキッとした経験があるひとは少なくないのではないでしょうか。ふと気づいたらすぐ後ろに車が迫っていたとか、見通しの悪い路地で急に車が出てきたというような経験はないでしょうか。

　視覚障害の有無によらず、ひとは、前後左右をつねに目だけで確認して歩いているわけではありません。後方や曲がり角の先の車を見つける場合など、視覚情報を利用できない状況では、音が役に立ちます。このように、目では見えない角度や物陰からでも情報として届くことが音の利点といえるでしょう。

まっすぐ歩く、道なりに歩く

　まっすぐ歩いたり道なりに歩いたりするとき、何を頼りに方向をとっていますか。簡単そうな質問ですが、明確に答えることはそうたやすくないでしょう。

　おそらく晴眼者の多くは、周囲の壁や建物、床・地面の模様、植樹やガードレールなどの路上の構造物、天井のしつらえ、周囲のひとや車の動きなど、目から入るたくさんの情報をもとに進む方向を決めています。目から入る情報が乏しい砂漠や雪原のような場所では、ひとはなかなかまっすぐ歩けないことはよく知られるところです。

　全盲のひとの場合は、視覚情報に依存することができませんが、晴眼者とは

図1　足音や車の音を頼りに道なりに歩く

少し異なった手段で進行方向をとることがあります。音の利用に関していえば、まずは周囲のひとの足音や車の音などが役に立ちます。これらの音と同じ方向に歩くことで進行方向を定めることができるのです[**図1**]。足音や車の音が聞き取りやすい環境だと方向がとりやすくなりますが、雑多な音が多い環境やスクランブル交差点のようにひとの動きがランダムな場所だと、進行方向を定めることがとても難しくなります。また、通路のような環境で音を反射する壁があると、壁からはね返ってくる音が聞こえることで、壁から一定の距離で歩くことができ、結果的に通路に沿って進める場合もあります。

曲がる

　ただまっすぐ歩くだけでは目的地にはたどり着けません。曲がるために必要となるのは曲がり角や交差点、通路が集まった箇所を見つけるための情報です。
　ここでも、やはりひとの足音や車の音が役に立つことがあります。自分が歩いてきた方向と交わるようにひとや車が動いていることがわかれば、そこが交差点であることが強く意識できます。また交差点にさしかかった際に左右の建物や壁がなくなることで、開けた感じがして、そこが交差点であるとわかることがあります。この「開けた感じ」は、建物や壁からの反射音がなくなったり遠

図2　天井のくぼみが独特の響きを生みだす〈東京・大田区役所〉

方からの音が聞こえやすくなったりすることで得ることができます。

　他に、地下街や大きな建物などで通路が集まるような場所で空間が広がったり天井の形状が変わったりすると、残響具合の違いなどからそこが通路の集まる重要な起点であることがわかることがあります[図2]。事例としてはまだ決して多くはありませんが、建物の要所にあたる箇所で計画的に音の響き方を変え、そこで進行方向が変化することを意識させるような試みもあります。

位置を確認する

　まちなかで自由に動き回るためには、自分が今どこにいるのか確認するための情報も必要になります。いわば目印・ランドマークです。一般的に、ランドマークというと視覚的に目立つものがあげられます。しかしランドマークは目に見えるものだけなのでしょうか。

　たとえば、駅の改札を考えてみた場合、改札ではピンポーンとチャイムが鳴っていたり、自動改札を通過する際のピピッという音が鳴っていたりします。このようにいつも鳴っている特徴的な音であれば、どんな音でもランドマークとして役立つ可能性があります。年中無休の大型家電量販店などは特徴的な宣伝音楽をいつも流しているので、わかりやすい目印になります。パチンコ屋の音、最近では聞かれる機会もめっきり減ってしまいましたが、魚屋・八百屋などの店員さんの声などもよい目印です。噴水の音などのような定常的な音は、普段は意識に留まることは少ないですが、そこにその音があることを意識すれば十分に目印として機能します。以上のように、特段、音サインとして設けられた音ではなくても、さりげなく場所を示すための「音のランドマーク（サウンドマークともいいます）」として役立つ音もたくさんあるのです。

地図のイメージをもつ

　まっすぐ進んで、曲がり角を見つけて、ときどき目印があれば移動が可能になります。すなわち決められた経路をたどることは可能になります。けれども、「ひとがまちを歩く」ということは「経路をたどる」ということと同じではあり

ません。たとえば、「市役所に行って帰ってくる」というだけであれば経路をた
どればよいのですが、「ちょっと寄り道をしたい」「この辺をぶらぶらしたい」
「このまちはどんな場所なんだろう」というときには、より多くの情報を含んだ
メンタルマップ（心の中の地図）があるとよいでしょう。

　初めて訪れるまちに電車で出かけたときに、「あっちに駅があって、電車がこ
の方向に走っているな」などと考えたことはありませんか。目で見て駅の位置
や方向がわかりにくい場合には、電車の音が線路と自分の位置の関係をイメー
ジするのに役立ちます。鉄道や大きな道路の車の音は、まちなかにおける線状
の要素を強く印象づけ、メンタルマップを描くにあたって重要な要素のひとつ
となります。

　また、まちなかの一定の区域で共通の音環境が観察されることがあります。
たとえば、昔ながらの近隣型商店街には小売店が集まった独特の音環境が、古
い住宅街には各家庭からの生活音に包まれた音環境があります。近頃は、店舗
にせよ住戸にせよ、建物から音が漏れることが少なくなってきていて、その意
味では音環境としての特徴は失われていく傾向にありますが、その場を象徴す
るような音環境は、メンタルマップの形成に役立つとともに、まちとしての魅
力の一端を担うようになるのではないでしょうか。

耳をすませば

　以上の話のように、まちなかにあるなにげない音一つひとつに意味があり、
それらはまちのつくりを理解していったり、歩行・移動したりするのに有用な
要素となり得ます。したがって、他の音を聞こえなくしてしまうような音の存
在は減らしていかなければなりません。必要以上に大きな音は、単にうるさい
というだけでなく、有用な情報を得ることを妨害し、まちの魅力を奪い、場合に
よっては危険の回避をも妨げる可能性のある悪しき存在です。

　それがたとえ何か情報を提供するために設けられた音であったとしても、す
でに存在している役に立つ音の情報を聞こえなくしてしまうようでは意味があ
りません。音サインを付け加える前に、まずは削るべき不必要な音がないか、音
サインを付け加えることで他の情報の利用を妨げてしまったり魅力ある音環境

図3 ここに音を足しても…まずは不要な音の引き算を

を壊してしまったりする危険がないかを考える必要があるでしょう[**図3**]。

　不必要な音、他の音の聞き取りを阻害するような音が減っていくことで、些細な音が思わぬ役に立ったり、新たな発見をもたらしてくれたりする可能性があります。これからは、単純に音の情報を付け加えていくだけではなく、不要な音を減らしていく努力も大切です。

　「視覚障害者は耳が良い」ということがしばしば語られます。実際のところ、視覚に障害があるからといって、小さな音が聞こえるようになったり細かな音の違いを識別できるようになったりするわけではありません。多くのひとが聞き流している小さな音や一見意味のない音にも注意を払い、そこから周囲の状況を把握する姿を、感嘆とともに語った言葉であると考えるべきです。小さな音をきちんと聞き取ることができるような環境や、なにげない音に意味を見出せるような環境が、視覚障害者のみならずより多くのひとにとって便利で快適な音環境になっていくのではないでしょうか。

Column
聞こえやすい音環境
突発性難聴の視点から

忘れもしない、2016年1月10日の夜、突然、左耳が聞こえていないことに気がついた。奇しくもデヴィッド・ボウイがこの世を去った日。耳（難聴）についてはそれなりの知識をもっていたので、すぐに病院へ行き、翌々日に大学病院で検査を受けた結果、即、一週間の入院となった。それもそのはず、左耳は、指を突っ込んでも何も聞こえず、骨伝導音すら認知できない重度レベルの突発性難聴だったのだ。ただ不謹慎ながら、そのときの音の聞こえ方は、とても興味深いものだった。

まず、音源の方向と距離がまったく判断できなくなり、すべての音が、健聴な右耳に張りついているかのように感じた。また、ちょっとした雑音でも、すぐに目的とする音がかき消されて聞き取ることができなくなったと同時に、いわゆる"カクテルパーティ効果"の能力が大幅に低下。当時の聞こえ方を例えるなら、街の雑踏を録音した音のように、聞きたい音も、環境音も、すべてがイーブンのレベルで、そっくりそのまま耳に届いているような状態であった。もうひとつ、想像もしなかった現象が、左耳に触れたり、外耳道に指を入れても、まるで麻酔を打たれたかのように何も感じなかったことだ。もちろん、実際には皮膚感覚は失われていないはずなのだが、音が聞こえなくなったことで、耳が「触られている」と感じなくなったことは、驚きであった。

それから一週間、ステロイド治療を行い、退院後は、難聴治療に実績に

写真提供：布施雄一郎

布施雄一郎
ふせ・ゆういちろう
1968年、北海道生まれ。音楽テクニカルライター。
大学時代は楽器音響学／建築音響学／音響心理生理学など"音"について多角的に学ぶ。
大学院修了後、ローランドでシンセサイザー開発・設計業務を経て、フリーランスに。
音楽、機材／レコーディング、音楽ビジネス方面を専門に執筆。

ある鍼灸院に通い、発症から2か月後、500Hz以下の帯域では軽度難聴レベルの聴力まで回復できた。残念ながら、1kHz以上の中高域に対しては、現在も高度難聴のままだが、それでも低域の聴力が戻ったことで、音像の定位や距離感が認識でき、皮膚感覚も戻った。しかしながら、居酒屋などの賑やかな場所や、響きの多い空間では会話のほとんどが聞き取れず、カクテルパーティ効果の能力も戻ったものの、大きく低下。また、パチンコ店などからズンズンと漏れ聞こえる店内BGMの重低音が、どこから何が鳴っているのかを判断できず、ちょっとした恐怖心を抱くこともあった。

そうした日々のなかで、難聴者に優しくないと感じた場所が、意外にも病院だった。とくに、古くて音質の悪い館内放送システムでは、アナウンスの内容が聞き取りにくい上に、(話し手は無意識だろうが)滑舌が悪かったり、早口だと、何をアナウンスしているのかわからないこともあった。加えて、医師や看護師、事務員の多くはマスクをしており、モコモコとフィルターがかかったような声質になるため、余計に聞き取りづらいのだ。

こうした状況は日常生活でも同じで、結果、会話を諦め笑顔で取り繕おうとしてしまう。ああ、そうか。おばあさんに話しかけると、ただただニコニコと笑顔を返されるのはこういうことだったのかと、左耳の聴力を失い、少しだけ高齢者の気持ちを知ることができた。

第3章

触ること

普段「触ること」を意識していますか

「触ること」とは

普段、触覚を意識していますか

　ヒトはいつも、身体を取り囲む環境と、皮膚を通じて接しています。地面を歩き、何かを手に取り、横になって休む。これらすべての行為を、ヒトは「触覚」を通じて行っています。しかし、普段、「触覚」という感覚を意識しているでしょうか。触覚を受容する器官は体中にあり、つねに刺激を受容しています。しかし、それを意識レベルで感じているでしょうか。

　実は、私たちは色々な生活の場面で触覚を利用しています。ちょっと例を挙げてみましょう。たとえば、果物や野菜、肉や魚などの食品を買うとき、触って

図1　シャンプーとコンディショナー、ボディソープの側面およびポンプ天面に付された触覚識別表示

図2　ネコ耳型の切り込みが入った不在連絡
票／触れるだけで特定の宅配業者の不在票とわ
かるデザインを、というあるユーザーの発案を元に
社員が検討した

その食べ頃などを確認していないでしょうか。これはただ見ただけではその鮮
度や熟れ具合などを見分けることができないためにとる行動です。また、衣料
品や寝具、靴やバッグ、ジュエリーなど身に着けるものを選ぶときもその肌触
りといったものを判断基準のひとつにしています。

　また、シャンプーとコンディショナー、そしてボディソープの区別[**図1**]や、ポ
ストに投函された宅配便の「不在連絡票(以下、不在票)」には、触覚を利用した工
夫が施されています[**図2**]。この不在票には、視覚障害者にとっては、ポストに
入っているどの紙がそれなのかわからず、宅配業者にとっては、不在票に対す
る連絡がないため何度も足を運んでしまう、という問題がありました。こうし
た両者の不便さから、ある宅配業者では不在票の端に切れ込みを入れ、触った
だけでその業者からのものとわかるデザインが考案されています。

　こうしたシャンプーなどや不在票のデザインは、障害者だけでなく子どもや
外国人にもわかりやすいという効果をもたらしています。

　では、この触覚がなくなったらどうなるのでしょうか。脳梗塞などで触覚系
を司る感覚を失うと、卵を掴むとき、距離感は視覚情報でとれても、触れた感覚
がないために握りつぶしてしまうことがあるそうです。このようにヒトは、生
活の色々な場面で触ること・触れることで触感という感覚を無意識にとらえ、
利用しているのです。

触覚は皮膚感覚の一部

　触覚は、いうまでもありませんが視覚、聴覚、嗅覚、味覚と同様のヒトの感覚です。触覚や圧覚や温度感覚（温覚·冷覚）、痛覚を合わせて皮膚感覚といい、皮膚の外部からの情報をとらえる感覚として一般に知られています。また、体の各部分の位置や運動、重さを感じる自己受容感覚と皮膚感覚を合わせて体性感覚とも呼ばれています。この皮膚感覚は、生物の生存に必須な感覚として位置付けることができ、生物に早期に備えられた原始的な感覚です。

　ヒトは日常生活の中で対象物に触れながら、触覚や圧覚や温度感覚、痛覚といった皮膚感覚を活用してたくさんの情報を入手しています。なお、皮膚感覚のひとつの触覚は、ベルンハルト・カッツによって「外界を知覚するために能動的に外界の事物を触れること」と定義されています。

　視覚や聴覚、嗅覚などは受動的に情報を取得できますが、触覚や味覚は、自ら能動的に情報を得る必要がある感覚です。

指先を動かすことで得られる情報

　指や皮膚を動かさずにそこにものを押し付け、その特徴を把握する行為を受動的触知（受動触）といいます。これに対し、指を動かしながらものに触れ、その特徴を把握する動作を能動的触知（能動触）といいます。

　ヒトが指先を動かさずに、そこに2点の刺激を同時に与えたとき（受動的触知）に識別できる距離は概ね2mmといわれています。一方で、熟練の研磨の工員さんは、指先などを動かすことにより（能動的触知）、目で見分けられない数μmの凹凸までをも識別できます。これは、触覚による能動的な情報処理の優位性を示す例であるといえます。

皮膚の構造と感覚

　皮膚の構造は、どのようになっているでしょうか。その仕組みを**図3**に示します。皮膚は、表面から表皮、真皮、皮下組織の三層構造になっています。また、皮

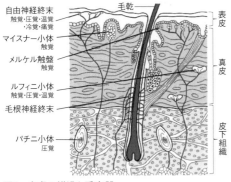

自由神経終末
触覚・圧覚・温覚
・冷覚・痛覚

マイスナー小体
触覚

メルケル触盤
触覚

ルフィニ小体
触覚・圧覚・温覚

毛根神経終末

パチニ小体
圧覚

毛乾

表皮

真皮

皮下組織

図3　皮膚の構造と受容器

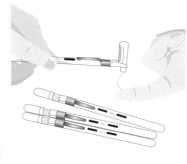

図4　フォン・フライ・フィラメント

膚は有毛部・無毛部に分けられており、無毛部には指紋や掌紋があります。こうした三層構造の皮膚には、自由神経終末、マイスナー小体、メルケル触盤、ルフィニ小体、パチニ小体、という感覚受容器が存在します。

　もちろん、これらの受容器は、無毛部にも有毛部にもあります。日常生活の中で大切な触覚（何かが触れている感覚）、圧覚（押されている感覚）、温覚（温かいという感覚）、冷覚（冷たいという感覚）、痛覚（痛いという感覚）には、これらの感覚受容器が関わっています。

　触覚の敏感さは、身体の部分によってどのように異なるのでしょうか。それはどのように調べるのでしょうか。触覚の中で圧感度を計測するキットとして、フォン・フライ・フィラメント［**図4**］があります。これは、太さの異なるナイロン製フィラメントの先端を皮膚に押し当てて、圧感度を計測するというものです。この方法で計測すると、上肢・下肢・体幹より、顔面周辺のほうが敏感であることがわかってきました。

触覚と加齢現象

　高齢者の疑似体験グッズに厚手のゴム手袋があります。これは加齢に伴う手先の感覚の衰えを体験するためのものです。高齢者が比較的熱いお風呂を好むのも、皮膚から伝わる温熱感覚が衰えてくるからといわれています。

　最近では、スマートフォンや携帯電話のマナーモードなどのように、日常生活の中でも振動刺激がよく使われるようになりました。ヒトの指先は非常に高い周波数(200〜300Hz)のわずかな振幅(0.1μm)でも知覚できます。音の手がかりがないとこのレベルの振動は視覚では見逃してしまうこともあるでしょう。

　しかし、振動覚も加齢により衰えることが知られています。具体的には、高齢者は年齢の増加とともに振動(概ね80Hz以上)の感覚が鈍くなる傾向があります。こうした感覚の加齢現象は、どうして生じるのでしょうか。それは、加齢によりパチニ小体などの皮膚感覚受容器の数が減少している、あるいは構造が変化しているからではないかと考えられています。

触覚にもある「錯覚」

　錯覚は、視覚に見られるいわゆる「錯視」が有名ですが、触覚にも「錯覚」があることをご存知でしょうか。錯覚とは、「外界のものごとをその客観的性質とは違って知覚・認知してしまうこと」「感情的要因によって影響されるものではなく、通常の状態で生じる現象」です。ここでは、ユニークな触錯覚を紹介します。

　まず、吸引されるときの感触による触錯覚[**図5**]です。数mm程度の穴を通して皮膚を吸引すると、あたかも皮膚の表面に棒状の物体が押し当てられたような感覚が生じる現象です。この発見は、皮膚表面に与えられた応力の正負をヒトは識別することが難しいということを示唆するものです。

　次に、魚の骨の肋骨部と背骨部を立体コピーやスクリーン印刷で盛り上げた刺激を指でなぞると背骨部がくぼんで感じてしまうという触錯覚があります。これを「フィッシュボーン錯覚」といいます[**図6**]。端的にいえば平らであるはずの表面がくぼんで感じられるという錯覚で、凹凸状の刺激となる肋骨部とツルツルした表面の背骨部が隣接した状態のものに触れるとツルツルしている部

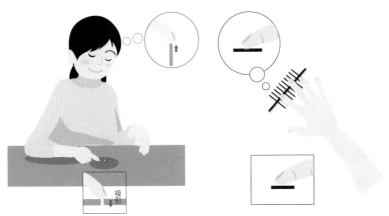

図5　吸引されるときの感触による触錯覚

図6　フィッシュボーン錯覚

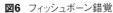

図7　ベルベット錯覚

分が相対的に「くぼんで」感じられるというユニークな現象です。最後に、「ベルベット錯覚」です[**図7**]。両手を合わせて六角形パターンの金網を挟んで擦ることで、実際にはない薄い布や膜があるように感じる錯覚現象です。このような触錯覚の研究は、触覚受容器の特性を理解するためにも興味深いものです。

　バーチャルリアリティが進む中でゲームや映画などの娯楽から医療関係、さらには様々な商品開発の世界までこのような触錯覚はもちろん、触覚への関心が高まってきています。

「触ること」による空間認知
視覚障害者の歩き方を通して

触って空間を感じるとは

　普段の生活の中で触覚を意識することは少ないため、多くのひとにとって、触覚と空間認知にどのような関係があるのかイメージすることは難しいのではないでしょうか。少し例を挙げてみましょう。たとえば、「床に立っている」という動作は、足裏の触感によって知覚されています。同じように「椅子に腰かけている」際にも、足の裏や太もも、おしり、背中などから伝わる触感によって知覚されています。

　これらの例は、空間認知というよりは、自分自身の身体の知覚といえます。では、より空間認知と関係する例として、建築空間に目を向けてみましょう。高級ホテルのラウンジや重役室、応接室など、フカフカのじゅうたんを敷いている場所に遭遇することがあります。この上を歩くと、なぜか「高級」なイメージを受けることはありませんか。これは、触り心地をデザインに取り入れた例といえます。最近では、これらの「触る感覚」をより積極的にデザインし、情報提供を試みる空間のデザインも見られるようになりました。これについては、104ページ「デザインの可能性」と114ページ「室内空間のデザイン」でご紹介します。

　さて、晴眼者といわれる、普通に視覚情報を得られるひとは、空間認知の多くを視覚に依存しています。そのため、普段の生活の中で、触覚から空間を意識することはまずないといってよいでしょう。そこで本節では、白杖や誘導用ブロックに見られるように触覚情報を移動の手がかりとしている視覚障害者の移動の仕方から考えてみます。

　佐々木正人さんの著書『アフォーダンス入門』では、視覚障害者が、足から伝わる路面の凹凸や素材の踏み心地の違い、白杖から伝わる刺激などを、普段か

ら手がかりとしていることを紹介しています。つまり、視覚からの情報が得にくくなると、触覚も重要な空間認知の手がかりとして使われるようになるのです。ここからは、触覚と空間認知のよりわかりやすい例として、視覚障害者の触覚による空間認知の実態を紹介します。

全盲のひとの歩き方——視覚障害者誘導用ブロックを使って歩く

　「視覚障害者誘導用ブロック（以下「誘導用ブロック」とします）」[図1]は、目が見えづらい、あるいはまったく見えない視覚障害者の歩行を、触覚によってガイドすることを目的として設置されたものです。誘導用ブロックの詳細については、130ページ「視覚障害者誘導用ブロックのデザイン」で述べます。

　では、全盲のひとは、この誘導用ブロックをどのように使って歩いているのでしょうか。実際に全盲のひとが誘導用ブロックを用いて歩行する様子を見てみると、その使い方は様々ですが、多くの場合、白杖で誘導用ブロックを確認し

図1　歩道に敷設された視覚障害者誘導用ブロック

ながらブロックの脇を歩く[**図2**]、あるいは同様に白杖で誘導用ブロックを確認しながら片足をブロックの上に載せて歩いています[**図3**]。つまり、誘導用ブロックは足の感触だけでなく、白杖を通して手に伝えられる刺激によっても利用されているのです。

　このため、誘導用ブロックを使って移動するひとにとっては、誘導用ブロックの触感が周囲の路面よりも際立っていることが、とても重要になります。誘導用ブロックの敷設されている路面に凹凸が多かったり[**図4**]、あるいは誘導用ブロックに似た触感の素材で舗装されていたりすると[**図5**]、それを触知することができなくなり、誘導用ブロックを見失ってしまうことがあります。

　さて、この誘導用ブロックによって、視覚障害者はどのような場所でも自由に移動できるようになったのでしょうか。残念ながら、そのようなことはあり

図2　白杖で誘導用ブロックを確認しながら誘導用ブロックの脇を歩く

図3　白杖で誘導用ブロックを確認しながら誘導用ブロックに片足を乗せて歩く

図4　路面に凹凸が多い素材を用いているため、誘導用ブロックを見失う

図5　路面が紛らわしい素材で舗装されているため、誘導用ブロックを見失う

ません。誘導用ブロックはどこにでもあるわけではなく、むしろほとんどの場所には敷設されていません。それでは次に、誘導用ブロックのない場所における視覚障害者の触覚を活用した歩き方を紹介します。

全盲のひとの歩き方──伝い歩き

まず、全盲のひとが触覚を活用してどのように歩いているのか、確認してみましょう。全盲のひとが白杖を持ちながら歩行する際、道路の端や塀、視覚障害者誘導用ブロックなどを白杖の先端で伝いながら歩く歩き方が多く見られます[図6,7]。ここでは、このような歩き方を「伝い歩き」と呼ぶことにします。

道路の端を伝っていれば、道路に沿ってまっすぐ歩くことはできますし、曲がり角になればそれとわかります。また走っている自動車や自転車などに衝突することも、普通の状況では少ないでしょう。晴眼者は、このように道路の「端」を意識して歩くことはほぼないかと思いますが、全盲のひとが歩く場合の空間認知では、道路の端を意識することが、極めて重要な役割を果たします。

しかし、この「伝い歩き」の様子を見ると、放置自転車や看板など、障害物への衝突が多く見られます[図8]。加えて、歩道に面して駐車場などが設けられている場合、曲がり角と間違えて駐車場に入り込んでしまい、道に迷ってしまうこともあります[図9]。「伝い歩き」には、歩いている場所がわかりやすいという利点はありますが、道路の端を触って空間を認知し移動する、ということを前提

図6　塀を使った伝い歩き

図7　側溝を使った伝い歩き

図8　駐車されたバイクにぶつかりそうになる　　　**図9**　駐車場に入り込んでしまう

に環境が整備されていないため、触覚だけを利用して歩行することは、現状で
は大きな困難が生じてしまっています。

ロービジョン者の歩き方

　次に、視覚情報を得にくいロービジョン者の歩行を触覚の視点で見てみま
しょう。ここに登場する男性は、まだ多少の視機能を有している後天性のロー
ビジョン者で、白杖は使わずに移動を行う歩き方を紹介します。視機能が落ち
てくると障害物が発見できない／しにくくなるばかりでなく、まっすぐに歩く
ということも大変難しくなります。そこで、残存視機能を活用して照明や路側
帯を示す白い区画線などコントラストの高いものを歩行の手がかりとしていま
す。それをより確かにするため、またコントラストの高い事物がないところで
は、誘導用ブロックや縁石、様々な路面の凹凸やその踏み心地の違いなど、足裏
から伝わる触覚を利用しながらまっすぐに歩行しています。また、壁などがあ
る場所では、腕を振るタイミングで手の甲やカバンなどの荷物を壁に軽く当て
ています［**図10**］。壁に触れることで壁との距離を保ち、まっすぐ歩けるよう方
向を修正しているのです。
　同様の動作は、角を曲がるときなどにも見られます。視覚的にだいたいの角
の場所を把握した上で、それを確認するため、さらにぶつからないように距離
を測るためにこのような動作が行われています。改札口やエスカレーターの乗
り口などの幅が狭くなる部分でも、先ほどの曲がり角と同様に手で軽く触れて

図10　ロービジョン者が手の甲で
壁を触りながら歩く様子

そのエッジを確認するような動作を行い、自分との位置関係や距離を測っていました。全盲のひとが使う白杖の役割を、この手で触る動作は担っています。

触覚とは実感すること

　これまで紹介してきた事例では、見ただけの視覚情報では不確かであったり、あるいは十分に認識できない事実や状況を、「触る」ことで確認していることがわかります。『触楽入門』という著書で触覚の世界やテクノロジーをわかりやすく記した仲谷正史さんはあるインタビューで、「触覚がなくなると、確かに視覚や聴覚から絶えずたくさんの情報がやってくるが、それらが自分に働きかけているという実感が得にくくなる」と語っています。

　「触ること」は、視覚や聴覚だけでは不確かな情報を、直接ものに触れることで確かなものに昇華し、実態として受け入れるという、最終的に実感するための行為だと考えられます。これらのことから、触ることをもう一度とらえなおすことで、環境をよりわかりやすくするデザインや、思いもしなかった方法による新たなデザインの可能性が生まれてくる余地は、十分に残されています。

Column
日本橋再発見

　私は会社員時代、東京・上野から銀座まで、よく中央通りを散歩しました。上野からお江戸上野広小路亭を通り過ぎ、秋葉原の電気街を抜け、万世橋を渡り、神田のガードを抜けて、しばらくして見えてくるのが日本橋です。ここまで来れば、目的地の銀座まであと少し。何度もぼーっと渡っている日本橋でしたが、本当にそのかたちをちゃんと理解したのは、つい最近のことでした。

　一昨年の夏、江戸東京博物館に2度行く機会がありました。ここには、長さは半分ですが実物大の江戸の日本橋が復原されています。また常設展示場の一角には、日本橋や浅草東洋館などのミニチュアを、触って鑑賞できる展示コーナーもあります。ミニチュアはかなり細部に至るまで精巧につくられた、金属製のレプリカです。それを触ることで、日本橋全体のかたちが、橋げたや欄干の細工に至るまでよくわかりました。

　先ほど渡った展示場の日本橋を、もう一度念入りに触りながら渡ってみました。冷たい水の上を渡す橋には、暖かな木のぬくもりが感じられ、靴からの感触も何となくやわらかく反響しているようでした。橋げたの細かい細工も、質感の違いはありますが、先ほど触ったことが大きな学習効果となり、よく理解できました。橋や建物、電車のように大きなものは、触って全体のかたちを把握することは無理です。そこで大きな役割を果たすのがミニチュアのレプリカ。これを触ることで全体のかたちを把握し、実物を触ったときに全体の中のどこを触っているかがわかるというものです。

　多くの方が、子どもの頃、おもちゃのミニカーや電車などで遊んだ経験を

芳賀優子
はが・ゆうこ
1962年生まれ。
きゅうりの産地で知られる福島県須賀川市出身。
ロービジョン者であり、ヤマト運輸勤務を経て、
（公財）共用品推進機構個人賛助会員、
社会福祉法人国際視覚障害者援護協会事務局員。

おもちだと思いますが、まさにそれです。

後日、本物の日本橋を訪れました。今度ばかりはぼーっと渡ることはできませんでした。博物館で触った日本橋と、今渡っている日本橋とを比べながら、何度も欄干を触って、行ったり来たりを繰り返しながら、思いっきり堪能しました。私の中で、「日本橋がわかった！」という爽快な気持ちが沸き上がってきました。

このところ、「見ただけでわかったつもり」になっているのではないかと感じることが、とても多くなりました。たとえばきゅうり。見た目にきれいな緑でまっすぐなのを買えばおいしいのでしょうか。実は、私の故郷はきゅうりの名産地。おいしさの目安は、袋の上から触ってみて、弾力があってみずみずしく、重みがあってとげとげしていること。そして、あの独特の青い香りがあれば言うことなしです。口に入れれば、ポリポリとおいしい音が響くことでしょう。五感すべてを使えば、こんなに豊かな本物の「グルメ」がもたらされます。

私たちの日々の生活や社会も同じだと思います。肌に触れる服の着心地、いつものカップの口当たり、ドアノブや蛇口の感触、手に触れる柱や壁の質感、靴の裏を通して感じる道路や床の歩き心地…。

せっかくの五感です。総合的に使わないのは、あまりにももったいない。人間が本来もっている「触覚」に、ほんの少し意識を向けるだけで、豊かで心地よい環境を、ともにつくっていける一歩になることを願いつつ。

第4章

移動すること
「移動すること」を科学する

「歩くこと」とは
移動の基本

移動の基本——歩くこと

　歩くという行為はもっとも基本的な移動手段です。厚生労働省によると、成人（20歳から64歳）の一日の平均歩数は男性で7,644歩、女性で6,705歩だそうです（2019年）。つまりひとは、左右どちらかの足が床に着いてからもう一方の足が床に着くという動作を毎日およそ7,000回前後も繰り返しているのです。

　この毎日繰り返している「歩く」という一見単調な行動も、詳しく見てみるとひとそれぞれに特徴があります。たとえば家族や親しい友人なら、足音を聞くだけで誰かわかったりしませんか。ひとが歩くときの個人差や特徴を把握することなしに「歩く」という行為を語ることができませんし、ましてや「歩く」ことに関係する空間や情報を計画することもできません。ここでは、「歩く」という極めて日常的な動きを、改めて見つめなおしてみましょう。

ひとによって違う歩き方

　歩くという行為、「歩行」に関する関心は古く、アリストテレスやレオナルド・ダ・ヴィンチも研究をしていたといわれています。歩いているときの姿勢や、腕や足の振りなど（このような「歩き方」の特徴を総じて「歩容」といいます）を見れば、たとえ顔を見なくても誰かがわかるといった経験はもっているでしょう。実際、2017年に改正された「個人情報の保護に関する法律（いわゆる個人情報保護法）」でも、歩容が、DNAや指掌紋、顔、手の平・手の甲・指の静脈、声紋などとともに、特定の個人を識別することができる個人情報（具体的には個人識別符号）として位置づけられました。

　ひとによる歩き方の違いを明らかにすることは、それぞれの歩き方に合わせた製品（靴や衣服といった身に着けるもの）、空間（階段や路面といった環境など）、サービス（歩行指導やトレーニング、リハビリのメニューなど）の開発や設計につながります。では、個々人の歩容の特徴というのは、どのような部分に現れるのでしょうか。

歩き方を科学的にとらえる

　個々人の歩き方の特徴を明らかにしていくためには、まず歩き方を詳しく観察し分析する必要があります。

　一般的には、左右どちらかの足が床面に着いてからもう一方の足が床面に着くまでを「一歩」として考えます。一方、歩行に関する科学の分野では、左右どちらかの足が床に着いてからもう一度その足が床に着くまでのいわゆる「二歩」を歩行の一サイクルとして観察、分析します。この二歩を「一歩行周期」と呼びます。これは、一歩行周期を観察しないと、片方の足が床に接地している状態（立脚期といいます）と、その足が空中にある状態（遊脚期といいます）の両者を観測できないためです[図1]。

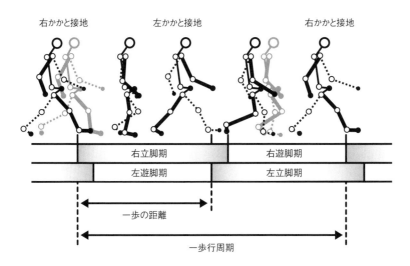

図1　立脚期と遊脚期

図2　モーションキャプチャシステム

　歩容に関する研究で広く用いられている計測装置のひとつにモーション
キャプチャシステムというものがあります。その名のとおり、運動(motion)をと
らえる(capture)装置(system)です。最近では映画などを撮影するときにも使われ
ていますので、名前を聞いたり、映像を見たりしたことのあるひとも多いかも
しれません。科学的な研究でもこのような装置を使って、定量的にひとの歩容
の分析を行います[**図2**]。

性別や年齢の影響はどのように歩容に現れるか

　歩き方は様々な要因によって影響を受けます。たとえば履いている靴はもち
ろん、体調、気分、性格によっても歩き方は変わるといわれています。性別や年
齢はどうでしょうか。先のモーションキャプチャシステムを使った研究などか
ら、男性と女性の歩き方の違い、若者とお年寄りの歩き方の違いなどいろいろ
なことがわかってきています。
　たとえば、性別の違いについて見てみると、女性は男性に比べて骨盤が前に
傾いていて、歩いている姿を前から見た場合には骨盤の動きが大きい傾向があ

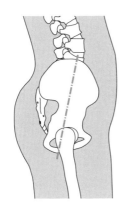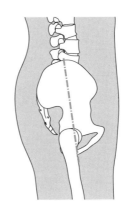

図3　骨盤の傾きのイメージ。女性（左）のほうが男性（右）よりも前傾しているといわれている

　ります［**図3**］。さらに、女性は男性に比べて歩幅は短いですが、歩調（1分間に何歩歩くかを表す指標）は速い傾向にあることがわかっています。つまり、男性は骨盤が後傾していて、大股でノッシノッシ歩く傾向があり、女性は骨盤が前傾していて、小股でチョコチョコ歩く傾向があるのです。

　一方、年齢の違いについて見てみると、高齢者は若年者に比べて、一歩行周期における股関節や膝関節の動きが小さい傾向にあります。また、加齢に伴い歩容は変化していきますが、若年（20～30代）から中年（40～50代）にかけての歩容の変化と、中年から高年（60代以上）にかけての歩容の変化は異なります。また、女性は骨盤が前傾していると述べましたが、年齢とともに後傾してくる傾向があります。ちなみに男性にはこのような傾向は見られません。

　このように女性の骨盤と男性の骨盤とでは形状が異なり、立っているときでも女性の骨盤のほうが男性の骨盤よりも前傾しています。また、高齢者は若年者よりも歩く速度が遅く、歩幅も狭いことも先に述べたとおりです。それらの影響が、具体的にどのような動きになって歩容にも現れるのかがわかると、たとえば、普段よりも自然と健康的にかっこよく歩ける歩道を設計できるかもしれません。**図4**に、審美系の活動を長く続けているひとの、いわゆる"きれいな歩き方"と、そのような活動を行っていないひとの歩き方を示します。

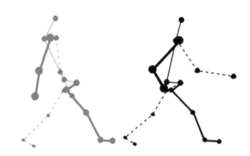

図4　審美系の活動を長く続けている若年女性の歩行特徴(左)と、そのような活動を行っていない若年女性の歩行特徴(右)

転びやすい高齢者と転びにくい高齢者の歩き方の違い

　よく「年をとると転びやすくなる」ということを耳にします。あながち間違いではありませんが、すべての高齢者がみな同じように転びやすいわけではありません。高齢者でも元気に日々生活されているひともいらっしゃいますし、年齢以上に老け込んでしまっているひともいます。では、転びやすい高齢者と転びにくい高齢者ではどのように歩き方が違うのでしょうか。これがわかると、転びにくいまちの設計や、転びやすそうなひとを早期に発見することができるようになるかもしれません。

　一般的に若年者よりも高齢者のほうが、また転びにくい高齢者よりも転びやすい高齢者のほうが、歩容がばらつく傾向にあることが知られています。歩容がばらつくとは、ある一歩行周期と別の一歩行周期とで、同じように動けていないということです。つまり転びやすい高齢者ほど、一歩一歩の歩き方にばらつきがあり、たとえば歩く速度が速いときもあれば遅いときもある、膝が伸びているときもあれば曲がっているときもあるということが見られます[**図5**]。

　しかし転びやすい高齢者でも、実は一歩行周期中ずっと歩き方がばらばらということではありません。では、一歩行周期中のどのタイミングで歩き方がばらばらになってしまうのでしょうか。動作のばらつきについて、一歩行周期の様々な局面で見てみると、足が地面についている時期にはむしろ転びにくい高齢者のほうが転びやすい高齢者よりも、歩き方がばらついているのです。逆に、

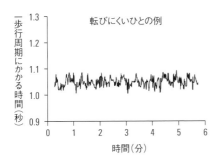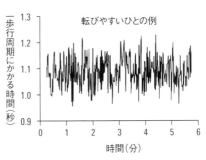

図5　転びやすいひとと転びにくいひとの比較／一歩行周期にかかる時間を連続で計測し、一歩ごとの時間をプロットしたもの。毎歩毎歩同じ時間で歩くことができれば一本の直線になるが、ヒトの歩行は毎歩毎歩異なるのでぎざぎざの線になる。このぎざぎざの幅(縦方向の最大値から最小値の幅)が、転びにくいひと(左)よりも転びやすいひと(右)の方が大きく、一歩行周期にかかる時間がよりばらばらである(ばらついている)ことを示している(Jeffrey M Hausdorff, Gait variability: methods, modeling and meaning, Journal of NeuroEngineering and Rehabilitation 2005, 2:19 doi:10.1186/1743-0003-2-19, ©2005 Hausdorff; licensee BioMed Central Ltd.）

　転びやすい高齢者は、足が地面から離れて前方に振り出される時期の動作のばらつきが大きくなる傾向があります。つまり、転びやすいひとは、脚が地面から離れた局面での歩き方がばらばらな傾向にあるということなのです。
　数々の研究の成果からこのような知見がもたらされ、その知見は様々な方面で活用されつつあります。近年では、カメラやウェアラブルセンサなどを使って転びやすい高齢者を早期に発見するシステムなども開発されています。

歩き方を知ることの重要性

　これまで述べてきたように、私たちが日々なにげなく行っている「歩行」は様々な要因の影響を受けるため、一人ひとりの歩き方は異なってきます。歩き方が性別や年齢によって異なることは、周知の事実かもしれません。しかしながら、具体的にどのようなひとがどのように歩いているかを的確に科学的にとらえること、歩容の個人差をしっかりと分析しそのひととなりを把握することは、適切な製品、サービス、空間の設計や提供に欠かせないものなのです。

「移動すること」と感覚

「歩きスマホ」が奪う諸感覚

　歩きながらスマートフォン（スマホ）を見たり操作したりしていて事故や事件を起こしてしまうという報道を耳にします。原因として、本来歩くことに使われるはずの諸感覚による注意が、すべてスマホの操作に奪われてしまっている、ということがあげられます。スマホから発せられる音声とタッチパネルを操作する指に注意が集中してしまい、肝心の足の動きなどの感覚や、床面の状態を知るための足裏の触覚への注意がおろそかになってしまうからなのではないでしょうか。歩くとき、つまり足を使って移動するときには、実は様々な感覚を使っているのです。

視覚障害者の移動を支える感覚

　視覚障害者が目的地まで歩いて移動する際に、どのような手がかりを利用しているのかを調べた実験があります。対象となったのは、視覚障害者（全盲）と目隠しした晴眼者です。結果、視覚障害者は全員、目的地まで到達することができました。しかし、目隠しをした晴眼者はひとりも目的地までたどり着くことができませんでした。
　この結果は当然のことのように思われるかもしれません。しかし、何の理由もなくこのような結果が生じたわけではありません。なぜ目的地まで到達できるひととそうでないひとに分かれたのでしょうか。この疑問に対する答えは、実験で得られた発話のなかに見ることができます。視覚障害者と、目隠しをした晴眼者の、両者の発話を分析したのが**表1**です。

表1　視覚障害者(全盲)と目隠しした晴眼者の歩行中の発話

視覚障害者の発話	目隠しした晴眼者の発話
・足下が変わりました、坂になっています。	・右の方からハイヒールの音。
・ちょっと段数がある。	・「ピーピー」っていうのは電話。
・風が吹いてきました。	・男のひとの集団が通り過ぎた。
・右側に壁があります。	・音楽はたぶん聞こえた。
・ひとが左側を通っています。	・風の音。
・今、右側が空きました。	・ちょっとひとが多め。
・右側が開けました。	・風がすごく冷たい。
・下のタイルがツルツルになりました。	・空気がとっても熱くなってきた。
・人通りが多くなりました。	・床が変わった。
・自動販売機のような音が右の方にしています。	・女のひとが通り過ぎた。
・放送が聞こえています。	・あ、ピンポン。
・かなりひとが混んでいます。	・ジャラジャラ音がする。
・改札の切符を切る音がしています。	・バッタンって。
	・ひとが多いのはわかる。

表2　歩行中の発話に見られる手がかりの分類と発話の例

ランドマーク	移動空間の構造	変化する情報
・改札機	［表1］より	［表1］より
・券売機	・「右側に壁が…」	・「ひとが左側を通っています」
・柱	・「空きました」	・「ジャラジャラ音がする」
・エスカレーター	・「坂になっています」	・「風が吹いてきました」

　これらから、歩行中の発話に見られる手がかりは、**表2**のように「ランドマーク」「移動空間の構造」「変化する情報」の3つに分類されました。

　目的地に無事たどり着くことができた視覚障害者からは、3種類の手がかりのうち、とくに「移動空間の構造」に関する発話が多数あげられました。一方で、目的地にたどり着けなかった晴眼者からは、「移動空間の構造」に関する発話は少なく、「変化する情報」に関しての発話が多いという結果でした。このことから、視覚障害者は自分が移動している場所がどのような空間構造になっているかを知覚することができたため、目的地まで到達することができたと考えられます。それに対し、目隠しした晴眼者は、突然視覚を遮断されたため、自分が移動している場所の空間構造を知覚できず、その結果、目的地にたどり着くことができなかったと考えられます。つまり、空間を移動するためには、自分自身が

存在している空間、とくに移動ルートの構造について知覚できることが重要であるといえるでしょう。

多感覚で周囲を知覚する

　ところで、ひとは外界に関する手がかりの80%近くを視覚系から入手するとよく耳にします。しかし、本当に視覚からの情報ばかりに依存しているのでしょうか。炎を感じることを考えてみましょう。薪が燃えているとき、それを目で見て知覚するだけでなく、「ぱちぱち」という音を聞いたり、暖かさを感じたり、ものが燃える匂いを嗅いだりと、薪が燃えていることを聴覚、触覚、嗅覚からも認識できます。つまり、多感覚、いわゆる「五感」で同時に炎の存在を感じ、薪が燃えていることを知覚します。同一の対象を多感覚的に知覚することで、ひとはたとえひとつの感覚が麻痺したり、誤動作したりしたとしても、他の感覚からの手がかりを用いて、それを補完したり修正したりすることができるのです。

　先の実験の例でいえば、視覚障害者は、複数の感覚を同時に用いて「移動空間の構造」を知覚しています。たとえば、床に白杖で触れたり、足裏で踏んだり、音で周囲の空間の様子を知覚したりするなど、主として触覚と聴覚、そして、歩くことそのものを支えている自己受容感覚によって、自分自身と移動空間の両方を知覚できるのです。「ランドマーク」についても同様に、柱の位置や誘導用ブロック、店舗などは、音や匂い、白杖や手に伝わる触覚的な情報で知覚されます。

　自分自身が移動している空間の「今、ここ」を知るためには、あらゆる感覚を動員して現在の空間の状況を知覚する必要があります。過去の経験や常識的な手がかりを思い出しながら自分が存在している空間を知覚しようとしても、時として既存の知識と現実の空間とに不一致が生じることがあるからです。

　視覚障害者が自力で移動するための訓練では、「思い込み」に頼って歩いてはいけないと注意されることがあります。思い込みに頼ると、最悪な場合は駅のホームから転落するとか、交通事故に遭うという悲劇を招いてしまいます。

　重要なのは、「今、ここ」で感じられる触感、聞こえる音、匂い…など、多感覚から得られる情報を利用して、その空間の「変わらない側面」、すなわち周囲の環境の構造と、「変わりゆくもの」、すなわちその空間で起きている出来事を明確

に識別することです。つまり、空間の知覚は多感覚から直接得られる情報により支えられているのです。

知覚システムと移動空間

　先に述べたように、ひとが歩いて移動するとき、多感覚の統合が重要となってきます。一般に多感覚というと、目や耳が光や音などの刺激を個別に処理していると考えがちです。しかし、これとは異なる考え方が「知覚システム」です。この知覚システムをサッカーチームにたとえてみましょう。個々の選手は、視覚、聴覚などの個別の感覚です。選手一人ひとりは異なった働きをしながらも、協調してひとつの目標（ボールをゴールに入れること）を達成していきます。個々の選手にはフォワードとか、ミッドフィルダーなど決まった役割がありますが、フォワードの選手がディフェンスをする場合もありますし、ミッドフィルダーの選手がシュートする場合もあります。個々の選手のポジションは決まっていても、試合の状況により役割分担が柔軟に変化します。大事なことは、すべての選手がひとつの目的を達成するために動いているということです。　知覚システムでも、このサッカーチームの例と同じように、個別の感覚が協調しながらひとつの目的を達成していきます。そして、それぞれの感覚の関与の度合いは状況に応じて変化しうるというわけです。

　たとえば、ひとが移動するという目的のために、見るシステムが機能しているとします。そのとき、見るという行為のために視覚器官が主役となります。しかし、前に述べたように聴覚も触覚も自己受容感覚などもつねに働いています。これら視覚器官以外は見ることを支援する役割にまわっています。聞くシステムを例にすれば、耳で音を聞くために、頭部を動かすこと、胴体を動かすこと、姿勢を変化させることなどの自己受容感覚、触覚などが連動しています。このように、多感覚の統合を、ひとつの目標を達成する「チーム」あるいは「グループ」ととらえるのが知覚システムの骨子です。**図1**は知覚システムのイメージです。たとえば、聞くシステムの場合、主役は耳ですが、同時に目で見るシステム、皮膚で触るシステム、姿勢を維持し移動を可能にしている関節や筋・骨格系を含んだ自己受容感覚（これを基礎定位システムといいます）などが脇役として働きます。見

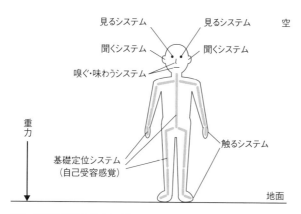

図1　知覚システムのイメージ

るシステムなど他の感覚が主役になった場合も同様です。

　大事なことは、ひとが移動するとき、知覚システムはつねに移動する自分だけではなく、移動の舞台である移動空間をもモニターしているということです。いい換えれば、移動の舞台となる空間がモニターしやすい性質なのか、知覚システムにとってかなりの負担を求める空間なのかなどにより、移動の質は異なるということです。移動空間が自己の生命の危険や生命の保証、心地よさ、不快感を容易にモニターできる性質であれば、知覚システムにとって「優しい」性質となるでしょう［**図2**］。逆に、ひとの知覚システムが疲弊するほどモニターしにくい、あるいは長時間の知覚システムへの負荷を求めるような空間は、「優しくない」性質といえます［**図3**］。

図2　モニターしやすい空間

図3　モニターしにくい空間

「みんなのための移動空間」の三要素

　移動空間にはどういうことが求められるのでしょうか。第一に、ひとの多様
性を包含できることです。知覚システムのどの感覚が主役になっても目的を達
成できる空間、目標が多様であってもそれを実現できる空間が望ましいわけで
す。第二に、柔軟性を許容できることです。ひとの移動はひとつの目的だけに向
かっているとは限りません。いくつかの目的が選択肢としてあり、それらが容
易に変更されることもあるでしょうし、いくつかの目的が共存しながら移動す
ることもあるでしょう。つまり、ひとの目的の変化に柔軟に対応できる空間が
望まれるわけです。第三に、持続性です。コンビニなどで商品のレイアウトが頻
繁に変更されると、店内の印象が変わってしまい、目的とする商品の陳列棚ま
で移動するのに戸惑った経験はありませんか。前にも述べたとおり、目的地へ
到達するためには移動空間の構造の知覚が重要ですが、空間の構造の知覚を容
易にするためには、その空間の構造の持続が重要になります。空間の構造の持
続性とは、建物の構造の持続性だけを意味しているのではありません。景色の
持続（ランドスケープの構造の持続）、音風景の持続（サウンドスケープの構造の持続）、そ
して、路面の規則性など、多感覚システムが知覚する外界の構造の持続こそが
もっとも重要な持続性なのです。
　移動空間がひとの歩行の目的の多様性をどの程度許容できるのか、ひとの歩
行の目的の変化をどの程度柔軟に許容できるのか、そして、移動空間の構造が
どの程度持続しているのか、これらを仮に「みんなのための移動空間」の三要素
と名づけるとしましょう。もし、これらが成り立てば、高齢者や幼児、障害者、身
体や感覚の制約により大多数のひととは異なる知覚システムを有するひとにも
「優しい」移動空間が実現できることが期待できるでしょう。
　もちろん、その空間の実現は容易でないことは明らかです。しかし、ひとの移
動を視野に入れて空間を設計したりものをデザインしたりする際には、みんな
のための移動空間の三要素を念頭に置きつつ、移動者自身の特性を反映する知
覚システムの概念を考慮した事例をコツコツと蓄積することが、今日求められ
ているのではないでしょうか。

「移動すること」を学ぶ
中途視覚障害者の歩行訓練

移動することへの意識

　多くのひとにとって、歩いて移動することは日常的な行為であり、「ここで手や足をどう動かそう」とか「ここでは○○を頼りにこちらに移動しよう」というようにこと細かく意識することはあまりないでしょう。幼い頃から反復して身につけてきた"歩行技術"によって、移動することを無意識に行えるようになっているためです。

　しかし、このように意識することを繰り返しながら歩行技術を身につけていくひとがいます。それは中途視覚障害者です。視覚をもっていた頃とは違った方法で周囲を認知し、移動をしなければならなくなった場合、歩くことを意識的に見直す必要が出てくるのです。ここでは、中途視覚障害者の歩行技術やその訓練について紹介していきます。歩行技術を取得する過程や、歩行訓練の様子を通じて、移動することとはどういうことなのか、今一度考え直してみましょう。

中途視覚障害者の歩行技術訓練

　現在普及している長い白杖（ロングケーン）を使った視覚障害者の歩行技術（以下、歩行技術といいます）は、第二次世界大戦中（1944年）に米国の整形外科医であるリチャード・E・フーバーが開発した技術が起源になっています。当時はバリアフリーやユニバーサルデザインなどの思想がないため、特別な配慮のない環境を歩くために考案された技術ということができます。

　今日でも、誘導用ブロックが敷設されていない場所はたくさんありますが、この伝統的な歩行訓練では、視覚障害者のための支援設備がない環境をも移動

図1　歩行技術の基礎訓練／白杖を適切にリズミカルに振れるようになるまで、静かで安全な環境で繰り返し練習が行われる

できるようにすることを目標としています。視覚が活用できない状態で迷わずに歩くためには、自分が今どこにいるのか、行きたい場所はどこにあるのか、どのようにしてそこまで行くのかを絶えず認識し、計画して実行できる技術を身につける必要があります。

最初に獲得するべき基本的白杖操作

　白杖による歩行技術の訓練では、まず基本動作として自身の正面前方に構えた白杖を肩幅よりも少しだけ広く低く振り、先端の石突で軽く路面に触れながら歩けるようにします。歩行訓練を始めたばかりの頃は白杖操作のみに意識が集中しがちで、歩くために重要な情報に気づけない状態が続きます。しかし、基本的な動作が無意識に行われるようになるにつれ、触覚、聴覚、自己受容感覚、嗅覚情報など複数の情報が意識にとまりやすくなり、次第にそれらが活用されるようになります。

　たとえば石突が高さや質の異なる路面に触れたとき、あるいは空を切ったときに、瞬時に路面の変化などに気づくことができるようになるのです。つまり、様々な感覚情報を活用できるようになるためには、白杖の基本操作が「無意識下」でできることが重要で、この技能の完成度が後の応用技能に大きな影響を及ぼしてきます。

092 基礎編　第4章 移動すること

まっすぐ歩くこと・曲がること

　道路は基本的に、単路と呼ばれるひと続きの道と交差点の組み合わせという構造です。そこをひとりで歩くためには単路を道なりに歩き、交差点を発見して横断する、または曲がる技能が必要です。歩行訓練を始めて間もないひとにとって、道なりに歩くことは結構難しく、蛇行して左右の路肩にぶつかることがしばしば起こります。しかし、歩くときの姿勢、身体運動のバランスが整ってくると蛇行することも少なくなり、路肩にぶつかったときの角度を推測して方向修正が適切にできるようになっていきます。

　交差点を発見するためのいちばんの手がかりは、交差点を通過していく車の走行音です。車の減速音、停止音、加速音、歩いている方向に対して直交していく通過音などは交差点の位置を示してくれます。聴覚的な手がかりが活用できない場合には路肩を白杖で伝うことで、道路が交差している部分を触覚的に発見できます。聴覚的な手がかりを活用する能力が高まってくると、交差点の「空間的な広がり」を感じ取れるようにもなるでしょう。

障害物の検知と回避

　障害物に身体をぶつけることは不快で、怖いことでもありますが、慣れてくると白杖で触れたものがどのようなものかわかるようになり、それらを容易に回避できるようになります。しかし、細いポールや、高さが著しく低いものは白杖による探索の"死角"に入ることがあり、検知できないこともあります。また、腰よりも高い位置にあるものは、白杖では発見することができません。このような検知の難しい障害物が多い場所では別途対策が必要となります。

　また、障害物は聴覚情報によって発見できることもあります。音を発している障害物は、音源との距離を維持しながら避けることができます。面積が広く、高さのある大きな障害物に近づくと反響音を感じやすくなるため、壁に遮られているように感じられることもあります。

交差点の横断

　視覚障害者が交差点を横断することは、危険を伴う難易度の高い課題です。

　まずは前述のように車の走行音[図2①]などから交差点の位置を予測し、交差点に近づいたら横断を開始する位置となる歩道の縁を発見しなければなりません[②]。このとき役立つのは車の走行音[③]であり、歩道の縁石の構造や誘導用ブロックなどの触覚的な情報です。また、横断する方向も車の走行音[①③]が判断の手がかりとなります。その際、前を通過する車の流れが止まる音[④]や、停止している車が自分と同じ方向へ走り始める音[①]が横断開始の判断に役立ちます。横断中には、平行する車の走行音や横断者の通行音が方向の手がかりとなります。そして、対岸の歩道の縁石や歩車道を分ける段差で、横断を終えたことがわかります。

　そして、交差点を横断した後に歩き始める歩道の確認には、また車の走行音の流れる方向と流れからの距離を利用しているのです。

図2　信号機のある交差点の横断方法。白破線が直進方向へ横断する場合の移動動線を示している

図3　駅コンコースは可能なら一般乗客と同じ動線を移動する

鉄道の利用

　視覚障害者にとっての鉄道の利用は、たとえば駅の中の移動も、電車の乗り降りもすべてが大変難しく、生死に直結するとくに難易度の高い課題です。活用できる手がかりや設備を確実に利用し、判断が混乱した状態で移動することは絶対に避けなければなりません。プラットホームへ続く階段には改札口から線状の誘導用ブロックが、階段の手前には警告を示す点状ブロックが敷設されていることは重要な手がかりになります。

　しかし、誘導用ブロックで示される動線は一般乗客の動線と交錯することが多いため、利用者が多い場合には周囲のひとの移動音を活用することもあります。また、ホームドアや柵がないホーム上を移動する際には、線路と平行に敷設された誘導用ブロックの内側を伝うことで転落を防ぐことができます。

共生社会の一員として

　ただし白杖は使い方次第で凶器になる可能性があるので、駅のような歩行者の多い場所では、ひとの流れとひととの距離感を意識し、白杖を立て気味にして軽く握り、歩幅を狭くしてゆっくり歩いたり、狭い歩道では、片側に寄って歩き、すれ違いが容易にできるように配慮しています。

　見えない状態で歩くためには他者の援助を利用することも重要な手段とな

ります。ホーム上で方向がわからなくなったときなどには、ひとに援助を求めることも不可欠です。そうした際に気持ちよく援助をしたり、されたりするために、周囲のひとにできる配慮を積極的にすることを、歩行訓練では学びます。それは障害の有無にかかわらず共生社会の一員として必要なことだからです。

移動を困難にする要素

　しかし、どんなに訓練を積んでも①予測不能な不規則なパターンを含む環境、②路面境界線の不明瞭な広い環境、③交通音などの移動方向を示す手がかりをマスキング（46ページ参照）してしまう騒音などがある環境、これらがあると、ひとりで歩くことが難しくなります。

　①はユニバーサルデザインの概念に基づいた、使いやすく規則性のある予測可能なデザインが求められ、②は、移動方向を示す触覚的または聴覚的な手がかりを設置する必要があります。③は、自身の位置を確認できる触覚的な手がかりがあるとよく、また、時限的な工事であれば誘導員の配置などが必要とされます。それがない場合は、周囲のひとに援助を依頼できることが必要です。

歩くこととは周囲を理解すること、そして多感覚でまちを楽しむこと

　ここまでの内容だけで、すべての中途視覚障害者が問題なく歩けるようになるわけではありません。しかし、中途視覚障害者も周囲の状況や自分の体の動きに細かな注意を払いながら訓練を重ねることで、周囲と自分自身との関係を理解しながら歩けるようになっていきます。そして、様々な感覚を活用して歩くという行為自体が希望や楽しみに満ちたものになるのです。

　こうしたお話は、実は中途視覚障害者に限ったことではないのかもしれません。視覚情報に大きく依存するのか、それ以外の感覚情報に大きく依存するのかの違いこそあれ、移動する・歩くという行為の本質は誰にとっても同じなのでしょう。すべてのひとにとって、自分と自分の周辺との関係を理解しやすく、きちんと安全を確保しながら目的地への進路を定めることができ、そして移動自体を享受できる街路環境や社会システムの整備が望まれます。

Column
頭の中の通勤経路

毎日の通勤経路に、あなたはどんなものを思い出せるでしょうか。見え方の違いで、見えているものも全く異なりそうです。

〈昼間の場合〉

まず家の玄関を外廊下の音を気にしながら、ドアを開ける。車止めをすり抜け、幅2mほどの歩道を進み、たばこ屋のところのガードレールの切れた部分で車の音に注意しながら車道を渡る。45度の角度で渡るのがちょうどよい。交通標識らしき白い鉄柱に気を付けながら右折。

路面に書いてある「れま止」の文字を見ながら方向を修正、ここが朝の勝負どころである。横断歩道はない。車の往来が多く、バスの路線にもなっている。10m左の信号まで行けば、とりあえず安全なのだが、僕の朝にはそんな余裕はない。僕の視力であれば、その10mくらい先に来ている車の姿は確認できる。その視力と鋭敏に研ぎ澄ました聴力、そして目覚めの悪い勇気を振り絞り横断する。

僕の前後に同じように道を渡ろうとしているひとがいればしめたものだ。その人の動き出す瞬間をとらえ一緒に横断する。横断できればあとは左右に立つ建物の間の空めがけて歩いていけばよい。

駅に潜る入口の前には自転車が止まっている。右側のいちばん手前にはよく飛び出た1台がある。それが今日もあるかどうか確認しながら駅に入る。階段を下りるのは最初が肝心。手摺と足先の感覚、段鼻の濃い色のノンスリップを確かめ、段の始まりが確認できればこっちのもの、あ

葭原滋男
よしはら・しげお
37ページのプロフィールも参照。
10歳の頃に視覚障害が判明し、現在は光覚程度の視力。
本コラムは約15年前の状況を記述したものである。

とはリズミカルに17段、踊り場を2歩歩いて17段、右に曲がり9段、2歩歩いて8段。足下の誘導ブロックを踏んだら、コーナーを曲がりエスカレーターへ向かう。

売店の前には柱が立っているが、周囲に同化して存在を消している。売店のお客と駅から出てくる通行人、そして見えない柱に気をつけながらゆっくりとそこを通過、反対から来るひとに注意しながら駅員のいる改札を通り、右45度にある柱を確認、直線状の天井照明の灯りを頼りに階段を降りホームに向かう。

電車に乗ったら、とりあえず向かい側のシートに一瞥。席を立ったひとを見つけることができれば、今日は幸運だ。空いていると思って座ったらひざの上に座ってしまって気まずい思いをしたこともある。笑いごとではないのだ。シートと同系色の衣服はやめてほしい…。

電車を降りたら群衆の流れに身を任せ、前のひとの動きに細心の注意を払い、精算機の音を確認できれば、そこが改札口である。

改札を出たところが朝の第二の戦場だ。地下鉄とJRの改札とを急ぎ足に行く通勤客の間を横断しなければならない。半歩ずつゆっくりと、ぶつかっても、横から押されても、自分の進む方向を変えるわけにはいかない。変えれば、もしかしたらそこには柱などの障害物があるかもしれない。

外に出たら、ひとの動きに合わせて信号を渡る。放置自転車を確認し、そば屋の醤油の匂いをかぎながら、歩道のセンター部分を進む。次の信号は、先ほど渡った信号からリズムよく行けばすんなり渡れる。途中で時間ロスをすると信号はどちらだかわからなくなるため、ひとと車のスピード

で判断しなければならない。

その先は幅2mほどの歩道で左側の壁の変化と右側の車道と歩道を区切っているグリーンベルト、反対方向から駅に向かうひとや自転車を意識しながら、ときにはひとの背中を見ながら進んでいく。ホテルの前の出入り口をすぎ2歩行くと、そこには歩道の真ん中に電柱が立っている。職場は近いと油断してはいけない、あせってもいけない。流血しながらの出勤は避けたいものだ。

〈夜間の場合〉

僕の目は暗くなると見えない。そのため、朝来るときに見て確認したものは帰路にはない。朝の通勤時には気がつかなかったものが目印となり、朝とは全く違う地図が頭の中には描き出される。

建物を出ると、白杖をカバンの中から抜き出し、侍のように下段の構えを取る。右に45度の角度に進むと壁がある。それをつたっていき、その壁がなくなったら時計でいうと2時の方向に進む。すると敷地を出ることができる。

車道の左端にある白線を探しながら車道の左を進む。そこでは白線を左にずれると極端に傾斜し、反対に車道側に1mほど入るとそこにはマンホールがあり、水の流れる音が聞こえる。50mほど先には車の往来の音が聞こえる。それらを意識しながら進み電柱を2本叩く。その先、車道の右側には自動販売機が明るい灯りを照らしている。それを目指して車道を横断する。販売機や街灯のおかげで道路の白線がはっきり見える。電柱を叩いてそこを右折。車の走る音が方向を示してくれる。

昼間はまったく意識しないのだが、歩道の真ん中に白杖で認識できる"ひっかかり"がある。それをたどっていき、約39歩行くと電柱が立っている。2、3歩前で右に1歩ずれその電柱を交わす。さらに2歩行くと白杖がひっかかる。それがホテルの車寄せの出口。再び白杖がひっかか

り右に傾斜しているところが、車寄せの入口となる。

店舗やスーパーマーケットの嬉しい灯りに感謝しながら建物の壁をつたっていく。以前は、途中にお店の旗が出ていて、いつもそれで顔をふいて歩いていたのだが、最近はなくなってしまった。汚れてしまったのだろうか。少し行くと信号がありそこは歩道が車道に向かって緩やかに傾斜している。その傾斜に合わせるように歩いていくと横断歩道にたどりつき、そこを渡ると駅に到着する。

帰宅時の階段はすべて白杖が事前に教えてくれるので何段あるのかは覚えていない。また白杖を持っていると、いろんな人が声をかけてくれる。ありがたいことだ。

自宅のある駅から自宅までは朝の経路と同じであるのに、朝の目印は何ひとつない。空は暗く道のデザインも何もない。建物もなく、真っ暗な世界に街灯と居酒屋の看板、自動販売機の照明しかない。だからそこからは頭上の街灯が僕の道筋となる。

朝の最初の難関だった交通の激しい道路の横断だが、夜は意外と簡単だ。車のライトはかなり遠くにあってもよく見える。白杖を突きながらのんびりと渡れる。そして民家の玄関灯、自動販売機を目指して歩き、街灯で反射している黄色い車止めを交わして街灯の下で曲がる。ここはたまに反射が見えず思いっきりぶつかったこともある。家の前の階段も体が覚えている。

———————

放置自転車や看板ですら一度でもぶつかって痛い思いをしたら、耐えず意識し有無を確認しなければならないひとつの目印です。なければ目印を失うことになります。視覚だけに頼らず、あらゆる感覚を研ぎ澄ますことで、様々な情報を収集することが重要となるのです。

実践編

「プラスのデザイン」から
「マイナスのデザイン」へ

「プラスのデザイン」から
「マイナスのデザイン」へ

　公共施設や公共交通機関などにおける利用環境や運用の改善を目的とした取り組みでは、これまでは、利用者や事業者・管理者のニーズをそのまま足し算する方法が多くとられてきたように思われます。しかし、それでは利用者の満足度にはつながりませんでした。たとえば、まるで免罪符のような過剰なまでの張り紙やサインの掲出、過剰な誘導ブロックの敷設などでかえって情報が多すぎてわからなくなっているものや、また、良かれと思って行われたデザインが結果的に過剰になり使いにくくなっているものもあります。私たちはこれらを〈プラスのデザイン〉と呼びました。それに対し、利用者のニーズを精査し統合することを〈マイナスのデザイン〉と名づけました。

　〈マイナスのデザイン〉とは、ニーズや情報を排除するというものではありません（「はじめに」でも記したように、ここで言う「情報」とはひとの感覚や知覚のはたらきを呼び起こす「手がかり」のことです）。音環境を例にすると、移動支援用音案内に関するJIS規格（JIS T 0902）では、音サインや音案内を周辺環境音（暗騒音）より10dB以上大きくするよう求めています。暗騒音レベルが高い環境では、より大きな音で音サインを発しなければなりません。これは正に〈プラスのデザイン〉と言えます。しかし、このような方法では、それを必要としないひととの間の利害摩擦（コンフリクト）を生み出してしまうことにもつながります。

　ここで考えるべきことは、音サインを必要なひとに伝えるということです。それには音サインを暗騒音よりも10dB上げるという発想ではなく、周囲の暗騒音を下げることで小さな音でも明瞭に聞こえる環境をつくるという発想の転換が必要になると考えています。これにより音サインに関するコンフリクトを解消できるばかりでなく、難聴者にとっても聞こえやすい環境をつくることができ、多くのひとにとって快適な環境を創造することができます。このように〈マイナスのデザイン〉とは、手がかり（情報）を得るにあたって妨げになるもの＝「ノイズ」を取り除き、環境を整理するという意味です。

　こうした手法は、音環境に留まらず、計画やデザイン全般に応用できます。

　これまでのバリアフリー整備を振り返ると、たとえば多機能トイレには、多様なニーズに応えるため、様々な機能が取り入れられてきました。その結果、本当に使いたいひとにとってじつは使いづらいという状況も生まれてしまっています。このような背景から、ガイドラインなどでは機能を分散させる配置を推奨するようになってきました。このような動きは、これまでの「量」から「質」への転換とも言えます。「〈プラスのデザイン〉から〈マイナスのデザイン〉へ」とは、空間や環境の「質」を求めるひとつの考え方です。

　次ページからの［実践編］では、この〈マイナスのデザイン〉をどのようにものづくりに反映していくかを、事例などを通して紹介していきます。

デザインの可能性
ひとの感覚から空間を考える

原 利明
鹿島建設

つくり手と使い手が呼応する空間づくり

　茶会では、主催者である亭主は細やかな配慮で客を迎え入れます。露地の入口に蹲を置き、客がそれを使ったときの水の音で亭主は客が来たことを感じとり、茶会の準備を進めていきます。また、庭の通路に止め石を置き、季節の花を愛でてくれるようにさりげなく誘導するほか、茶室内は掛け軸や花、茶器などその空間は光や音、匂いなどひとの感覚に語りかけるしつらえで溢れています。これらはその日の茶会のテーマで演出され、迎えられる客はこれらの「しつらえ＝情報」から亭主の意図を読み解いていきます。ここでは「つくり手」と「使い手」が呼応しながら空間と時間をつくり上げているように感じます。これこそがユニバーサルデザインの神髄ではないでしょうか。

　これまでのバリアフリー整備というと、たとえば視覚障害者配慮として、誘導用ブロックを敷設するという短絡的な手段がとられてきました。しかし、基礎編でも示したように、視覚障害者は、床の凹凸や音など様々な事物を歩行の手がかりとしています。そこで床に歩行の手がかりとなる「情報」を設計者が意図してデザインし、使い手である視覚障害者はそれを読み解いていく。歩行に際し情報が必要なひとにはこの床のデザインが手がかりとなりますが、必要としないひとには単なる模様としか映らないでしょう。

　色や光、素材感などを「情報」としてとらえ直すことで新たなデザインの発想が生まれてくるのではないかと考えています。そうすることで特別な装置や設備を用いることなく、多様なひとが使いやすいスマートな環境をつくり出せると信じています。

ひとの感覚に語りかける建築

　大型オフィスビルに見られるような、ホールを挟んで両側にエレベーターが設置されているセンターコア式のプランで、エレベーターを降りて左右どちらに進めばよいのかがわからなかった経験はないでしょうか。**図1**の建物は、北側（上）は人工照明となっており、南側（下）は光

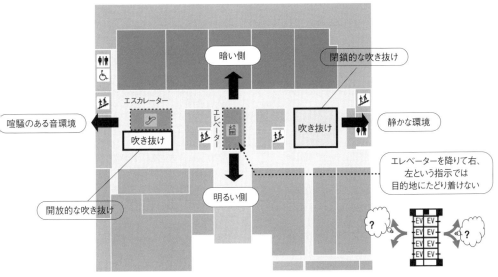

図1 ひとの感覚に語りかける建築計画

庭があり自然光が燦々と降り注いでいます。北側は薄暗く、南側は明るい環境です。また、この建物は東西に吹き抜けがあり、東側（右）の吹き抜けにはガラスが入っているため、他のフロアからの音は聞こえてきません。一方で、西側（左）の吹き抜けにはガラスはなく、エスカレーターも設置されており、吹き抜けを介してひとの足音や話し声、エスカレーターの駆動音など様々な音が聞こえてきます。東側は静寂感があり、西側は喧騒感がある空間となっています。

つまり、この建物では東西南北で明るさや喧騒音の聞こえ方が異なり、これらの「情報」を読み解けば自分がどこにいるのかがわかりやすくなる空間・環境となっ

ています。このような環境は、空間の情報を手がかりとすることができる「ひとの感覚に語りかける建築計画」といえるのではないでしょうか。

視覚的にわかりやすい建築

最近、聴覚障害者や車椅子利用者から「空間の見通しのよさ」という指摘をよく聞きます。いうまでもなく、聴覚障害者は音情報を取ることが難しいため、視覚情報に頼って空間を移動しています。そのため、サインや掲出物のほか、接触などを防ぐよう人の動きなどに注意が払われています。さらに、誰がどこにいるのか、どこに何があるのかが、一目で理解でき

図2a　均一照度を確保する照明計画

図2b　進行方向を誘う照明計画

図3a　床・壁・天井が同系色にまとめられている
ため空間がわかりにくい

図3b　床と壁のエッジを強調することで空間が
わかりやすくなる

る環境・空間が望まれています。車椅子利用者は、移動経路やトイレ、カウンターなど利用できるものが他の人とは異なることも多く、移動時に自分が進めるルート（エレベーターやスロープのある場所）や自分が使える場所などをつねに注意深く探しています。彼らにとっては、「見通しが利く空間」が様々な情報が取りやすく、移動しやすい空間となっているのです。このように見通しが利き、わかりやすい空間は誰にとっても移動しやすく使いやすいものではないでしょうか。

　前述のように色や光、音などのデザイ

ンを工夫することで空間をわかりやすくすることは可能ですが、それ以前に建築計画上のわかりやすさが重要となります。

見ること──①視覚情報

　建築空間の光環境や照明を計画する際には、156ページ「光環境のデザイン」でも述べているように、空間の明るさに変化をつけることで情報を提供できることがあります。前述のように、建物の南北の空間で明るさが異なれば、自分は今どこにいるかがわかります。

図4a 壁の前後がわかりにくい

図4b 帯を入れることで壁の前後が強調される

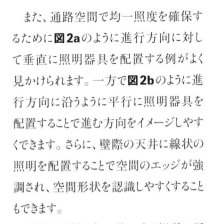

図5a 発見しにくい洗面器

図5b 発見しやすい洗面器

　また、通路空間で均一照度を確保するために**図2a**のように進行方向に対して垂直に照明器具を配置する例がよく見かけられます。一方で**図2b**のように進行方向に沿うように平行に照明器具を配置することで進む方向をイメージしやすくできます。さらに、壁際の天井に線状の照明を配置することで空間のエッジが強調され、空間形状を認識しやすくすることもできます。

　照明と同様に色の使い方も視覚に訴える情報提供の方法として重要です。**図3b**のように壁際の床に壁とコントラス

トの高いボーダーを入れることで、空間のエッジが強調され、空間形状を認識しやすくすることができます。また、障害物があるエリアと安心して歩行できるエリアとで床の色を分けてデザインすることで、障害物を回避しやすい空間をつくり出すこともできます（後述、**図9**）。

　トイレの入口のように通路がクランクする空間では壁の色を均一にせず、**図4b**のように壁に横向きに帯を入れるなどのデザインを工夫することで、通路がクランクしていることを認識しやすくすることができます。

図6　〈中部国際空港〉到着ロビー　　　　　　　　　　　　　写真提供：中部国際空港

　図6は照明や床のデザインで進行方向を暗示させ、知的・発達障害者にもわかりやすい空間デザインとした空港ロビーの事例です。

見ること──②2段階のコントラスト

　サインの具体的な事例は、112ページ「室内空間のデザイン」や142ページ「サインのデザイン」で詳しく述べることとし、ここでは、コントラストの観点から紹介します。
　サインは言うまでもなく、それを発見し、その内容を読めなければ機能しません。そこで発見しやすくするためには、設置する壁面と盤面のコントラストを十分に確保することが重要となります。さらに、盤面と文字やピクトグラムとのコントラストを高めることで読みやすくなります。このように、設置壁面とサイン盤面、サイン盤面と文字やピクトグラムの2段階でコントラストを確保する必要があり、このようなデザインとすることで発見しやすく、読みやすい視認性の高いサインとなります[**図7**]。もちろん、読みやすさには設置高さや周囲の明るさ、文字の種類やピクトグラムのデザインも重要です。

発見しにくく読みにくいサイン

発見しやすいが読みにくいサイン

発見しやすく読みやすいサイン

さらに発見しやすく読みやすいサイン

図7 サインとコントラスト

聞くこと——聴覚情報

音も空間の認知には重要な情報となります。たとえば、天井の高さが変わることで音の響き方に変化が生じ、それを利用して場所の確認を行うこともできます。前述のように吹き抜けがあると他のフロアからの様々な音が聞こえ、そのことが場所を示す情報にもなります。噴水のように同じ場所でいつも同じ音が鳴っていると、それもサウンドマーク（音のランドマーク）として機能させることもできます。このような音は

その音を必要としていないひとにとっては耳障りになることが少なく、音サインによる騒音問題（非利用者とのコンフリクト）を回避できる可能性があります。

図8は4層吹き抜けのアトリウムをもつオフィスビルです。アトリウム周辺の会議室周りは天井が低いため、足音の反響が異なり、そのことで場所を認識する手がかりともなります。さらにアトリウム内の騒音を音のマスキング効果（2つの音が重なったときに一方の音がかき消される現象、45ページ参照）を利用してそれを消すための噴

図8 〈鹿島KIビル〉アトリウム

水が設けられており、この音がその場所を特定するためのサウンドマークともなっています。

触ること——触覚情報

触覚による情報提供としては誘導用ブロックがよく知られていますね。しかし、通常の床材でも少し工夫することで十分な情報提供ができます。

たとえば、カーペットと石やタイルのように硬さの違う材料の組み合わせや、御影石の磨き仕上げとバーナー仕上げのような表面の粗さの違う材料の組み合わせなど、床材の組み合わせを変えるこ

とで、場所や進行方向、注意に関する情報を提供することができます。**図9**の医院では床の素材を変えることで安全に歩行できるエリアと歩行に注意が必要なエリアを提示するデザインを試みています。このような床材の感触の違いをルール化することで、床のデザインで空間の情報を提示することが可能となります。

デザインの可能性

84ページ「『移動すること』と感覚」でも述べましたが、空間を認識するための情報は視覚情報だけではありません。聴覚や触覚、空気の流れ、温熱感、場

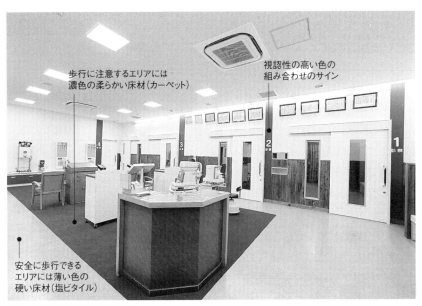

歩行に注意するエリアには
濃色の柔らかい床材(カーペット)

視認性の高い色の
組み合わせのサイン

安全に歩行できる
エリアには薄い色の
硬い床材(塩ビタイル)

図9 〈柏瀬眼科〉測定検査室

合によっては嗅覚なども使って空間を認識しているのです。そのことは、96ページのコラムからもうかがうことができます。

たとえば、私たちは混雑する駅などで階段を本当に視覚情報だけで認識しているでしょうか。階段を上り下りするひとの足音などでその存在を認識してはいないでしょうか。しかし、多くのひとにとっては視覚情報が圧倒的に優位なため、それを意識して空間を認識することはほとんどありません。

これまでのように視覚情報だけでデザインを行うのではなく、聴覚や触覚情報も重ね合わせて考えることで、ひとつの感覚器からの情報が取得できなくなったとしても他の感覚器からの情報でそれを補完することができます。このようにひとの感覚に訴える空間・デザインは多くのひとが使いやすい環境を創造する可能性をもっていると考えています。

室内空間のデザイン
見えづらさを支える施設設計

桑波田謙
クワハタデザインオフィス

見えづらさを支えるために

　誰でも歳を重ねると、だんだんとものが見えづらくなって生活に不便さを感じるようになります。文字が見えづらかったり、眩しさを感じやすくなったり、暗い場所では足下が見えずにつまずくこともあります。高齢者だけでなく、生まれながら全盲のひとや、事故で失明するひともいます。目の疾患から一時的に見えづらさを抱えることはよくあることです。

　ただ、たとえ見えづらい状態でも、空間から光や音、感触などを通じて、場所を確認したり、危険を察知したり、移動するきっかけを得ることができれば、もっと暮らしやすくなるのではないでしょうか。様々なひとたちが訪れる施設では、感覚に訴えかけるようなデザインがとても重要になります。以降では、見えづらい患者さんが訪れる眼科クリニックなどにおける、視覚障害者が施設を利用しやすくするための、デザインの取り組みを紹介します。

眼科患者を迎えるクリニックのデザイン

　東京都千代田区にある〈お茶の水・井上眼科クリニック〉には、毎日1,000人もの目に疾患を抱えた患者さんが訪れます。また、白内障などを患っている高齢の患者さんが多いことも特徴です。たとえ見えづらくても、ひとりで受付や検査室、診察室へと安全に移動して診療を受けられるように、院内は様々な工夫が施されています。

　床はすべてカーペットが敷かれ、たとえ患者さんが転倒しても怪我をしにくいように配慮されています。また、カーペットは吸音性が高いので音の反響を抑える効果にもつながっています。床の色は濃いグレーで、待合空間に置かれた明るい木製の待合ソファがはっきりと目に飛び込んできますし、白い壁との間にコントラストが生まれて空間の形がとらえやすくなっています。

　通路の天井は他の空間よりも16cmほど低く、また音を反射しやすい素材を用い、通路にいることが反響の違いで感

図1 音と光と感触で案内する通路

じられるように計画されています。さらに、通路の天井にはライン型の照明器具が進行方向に沿って埋め込まれています。照明直下には硬いタイルが連続的に設置され、そのタイルには進行方向を示す白い矢印が記されています。照明の光がタイルに反射して、遠くが見えづらく足下に視線が向かいやすい患者さんにも、進むべき道筋を伝えることが意図されました[**図1**]。

このように視覚や触覚、聴覚に訴えかけるデザインであれば、見えづらさや歩きづらさを抱えていても、安心して移動できるのではないでしょうか。この通路は、受付から視力検査、診察、会計へと一続きにつながっているので、通路をたどれば迷わずに診察を終えて帰ることができるように計画されています。

利用者調査からデザインを導く

目的地への誘導や部屋名を文字情報で伝える案内サインは、できるだけ見やすくする必要があります。同クリニックでは、実際の患者さんにその使い勝手を判断してもらおうと考え、デザインの決定段階で約100人の患者さんと約200人のスタッフが参加してサインの調査を

行いました。

　調査したのは、誘導サインのデザイン や文字フォント、男女トイレのピクトグラ ム、多機能トイレのピクトグラム、地図サ インのデザインです。それぞれ複数のデ ザイン案を試してもらい、内容を理解する までの時間や間違った回数を測定する 調査、デザインの印象を把握するための アンケート調査、デザインの意味を答え てもらうヒアリング調査を行いました。

　その結果から、誘導サインは濃い色 のパネルに白文字表記で高さ1mから 1.9mの範囲に表記を収めるデザインと しました。文字のフォントは角ゴシック系、 男女トイレのピクトグラムは女性のスカー トを大きく広げたオリジナルのデザイン、 多機能トイレのピクトグラムはトイレのピク トグラムを大きく掲示した上で、それぞれ の機能を表示する案が支持されました。 現在位置や目的地を確認するための地 図サインは、視野に入りやすい50cm程 度の大きさにして、患者さんが利用する 部屋だけを記載するシンプルなデザイ ンが採用されました[図2]。

　そして、これらのデザインに不便さがな いか確認するために、工事が終わった

図2　利用者調査からデザインされたサイン

ばかりの開院前に、約20人の患者さんに院内を移動してもらう検証を行って、不具合を修正した上で開院しました。

床の感触で誘導する

屋外では視覚障害者のための誘導用ブロックが歩道に設置されていますが、いったん施設の中に入るとほとんど設置されていません。クリニックのように大勢のひとが集まる施設では、見えづらく足も不自由なひとが大勢集まるので、誘導用ブロックの突起につまずく危険があって設置しづらいのです。ですから、施設に入ると視覚障害者はトイレに行くにも苦労する状況が生じます。

しかしこのクリニックの床は、カーペットと硬いタイルという材質の違いで誘導する平坦なデザインなのでつまずく危険がありません。このデザインがどの程度わかりやすいのか確認するために、JIS規格型誘導用ブロックの経路と材質の違いによる経路をつくり、視覚を使わない状態で経路をたどる実験を行ったところ、同等の誘導効果が示唆されました。

ただし、誘導用ブロックでは突起をたどって移動するのに対して、材質の違いによる経路では接し合う異なる素材の際をたどるという違いが確認されました。また、何かしらの情報がないと分岐点を認識できないため、材質の違いだけでは複雑な経路を誘導できないと考えられました。そこで、他の利用者への影響を最大限に考慮した視覚障害者向けの屋内誘導システムを開発するために、高さ2mm以下でもわかりやすい突起形状を探る研究がスタートしました。

小さな突起で視覚障害者を誘導する

突起高さが2mm以下だと足ではなかなか確認できません。しかし視覚障害者が使う白杖を床の上でスライドさせれば、杖先から手に伝わる振動で床の状態を確認することができます。視覚障害者の白杖を握る手の甲に加速度センサーを取り付けて、手に伝わる振動を計測しながら杖先を滑らせてもらい確認したところ、高さ1mmの突起でも確認できることがわかりました。さらに、誘導用ブロックのように点と線の2種類の突起形状を識別して、経路に沿って移動できることが実証されました[図3a]。

次に、高さ2mm以下の突起が高齢者や片麻痺患者の歩行、車椅子やベビーカーの走行にどんな影響を与えるかを検討しました。身体の動きを計測するモーションキャプチャシステムを使い、突起の上を歩いたときの足や腰の傾きを計測したところ、ひとへの影響はJIS規格型の誘導用ブロックより大幅に軽減することが読みとれました[図3b]。

図3a　小さな突起の検知実験

図3b　車椅子の振動実験

　このような結果から、屋内誘導システムは製品化されて施設内の様々な場所へ視覚障害者を案内できるようになりました。**図4**にその例を示します。視覚障害者の不便さが指摘されているトイレ内でも、この屋内誘導システムは効果を発揮します。視覚障害者はトイレを利用する際に、いつでも同伴者に案内してもらえるとは限りません。ひとりで利用する場合はトイレ内で迷ってしまうことも多いのです。とくにトイレのように狭くてひとが集まる場所では、他の利用者への影響をより少なくする必要がありますが、高さ1.4mm程度のわずかな突起であればそれも可能になると考えられています。

誰もが暮らしやすい環境へ

　歳を重ねるにつれて、多くのひとが様々な障害を抱えていきます。見えづらさだけでなく、段々と足腰が弱くなって補助具や車椅子を必要とするひとが増えてきま

す。音が聞こえづらくなったり、何かに集中することや理解することが難しくなってくるかもしれません。昨今の日本の状況からも、そのような高齢者が増えていくことを前提に施設環境を考えなければならなくなりました。

　たとえ誘導用ブロックや音サインといった従来の支援設備を充実させても、高齢で視覚や聴覚に障害を負った方の移動を支えることは難しいでしょう。文字情報をより見やすくする取り組みも重要ですが、文字情報だけに頼るのでなく、光や音や感触などの効果を取り込みながら直感的にわかりやすい空間をデザインすることがますます重要になっています。また、足が不自由なひとの移動距離をできるだけ少なくするような配置計画を目指す必要もあるでしょう。そうした施設は、高齢者や障害者に限らず、誰にとっても過ごしやすい空間なのではないでしょうか。

　そのような施設の実現には、計画の最初からひと中心のデザインで施設を構

図4 低突起型の屋内誘導システムが導入された役所施設

築するという明確な方針を定めて、細部までひと中心にデザインを考えていく必要があります。「ひとりの利用者が多様な障害を抱えた状態にある」という視点に立ったとき、これまで見落とされてきた様々な課題が浮かび上がってくるはずです。少子高齢化がますます加速する中で、新たな課題に正面から向き合って、地道に解決していくデザインが求められています。

駅空間のデザイン
ホームドアにみる安全対策

大野寛之
交通安全環境研究所

「欄干のない橋」

駅で電車に乗る際、プラットホーム（以下「ホーム」と記します）でヒヤリとした体験をされたひともいるのではないかと思います。あるいは、視覚障害者が白杖を頼りにホーム端を歩く姿を見たときや、ヘッドホンを耳に当てた歩きスマホの若者が、電車の接近に気づくことなく歩いている様子を見たときなど、ハラハラした経験もあるのではないでしょうか。最近はホームドアを見かける例も多くなりましたが、全国の駅の数からすると、ホームドアを設置してある駅はまだまだ少数です。旅客と列車との間に何の遮蔽物もないまま列車は駅に進入し、駅によっては高速で通過していきます。こうした駅のホームはまさに「欄干のない橋」という状況です。

鉄道人身傷害事故の現状

過去10年ほどの鉄道人身傷害事故のデータを見ると、年間およそ400件前後で推移しています。その内の約半数が

ホームからの転落やホーム上での列車との接触によるもので、残りの半数が駅以外のところでの線路内への立ち入りによるものです。つまり、鉄道人身傷害事故の約半数は、ホームドアがあれば防げた可能性が高いということになります。

ひと頃、視覚障害者がホームから転落して死亡するという事故が相次ぎ、社会の大きな関心を集めることとなりました。死亡事故は免れたものの、駅のホームからの転落については多くの視覚障害者が経験したりヒヤリとした思いをしています。社会福祉法人視覚障害者団体連合が毎日新聞社と共同で、2016年に視覚障害をもつ会員を対象に行ったアンケートでは、実に31.5%のひとが転落経験ありと回答しています。

固定式ホーム柵

ホームからの転落や列車との接触を防止するためには、物理的バリアをつくってしまえばよいわけですが、それだけでは列車への乗降ができなくなってしまいま

図1 ホームドア（フルハイト）

す。列車のドアのところはひとが通れるようにしなければなりません。そこで編み出されたものが、列車ドア位置部分だけを開けたホーム柵の設置です。これにより、ある程度までは転落や接触による事故を防ぐことはできますが、常時開口している部分がある以上、事故を完全に防げるものではありません。

ホームドア（フルハイト）

そこで開発されたものが、ホームと線路とを遮断すると同時に、列車のドア位置に合わせたドアを設けたホームドアです。自動運転を行う新交通システムでは、旅客の安全を確保する上で必須の設備です。「フルハイト」というのは床から天井までの高さがあることを意味しており、旅客の線路内への意図的な進入を

も防止することができ、極めて安全性の高いシステムです［**図1**］。狭義のホームドアはこのタイプのものだけを指し、ハーフハイト（130cm程度）のものは後述する「可動式ホーム柵」という名で定義されます。

可動式ホーム柵

可動式ホーム柵の歴史は古く、日本で最初の設置は1974年の東海道新幹線熱海駅のホームで、その後、山陽新幹線の新神戸駅にも設置されました。ただし、これらの駅への設置目的は、通過する新幹線の風圧による旅客の転倒事故を防止することであり、転落や接触の防止ではありません。転落や接触の防止策としての可動式ホーム柵は、東京西部を走る多摩都市モノレールで1998年に採用が始まりました。

図2 可動式ホーム柵

フルハイトのホームドアと異なり、簡易な構造であり、かつ軽量でもあります。その代わりに上部がオープンであるため、手やものを入れたり、無理をすれば乗り越えることが可能であり、列車と旅客とを完全に隔てることはできません。そうした欠点はあるものの、フルハイトのホームドアと比較して設置が容易であることから、多くの路線で採用され普及しています。

普及への課題

ホームドアや可動式ホーム柵（以下、両者をまとめて広義の解釈で「ホームドア」と記します）が設置されれば、ホーム上の安全性が大きく向上することは間違いありません。しかしながら、鉄道利用者が期待するほどにはその普及が進んでいないのが現状です。普及が進まない理由は単に

コストの問題だけではない複数の要因があります。

ひとつの路線にひとつの形式の車両しか走っていなければ、車両の長さやドアの位置はすべて同じであり、ホームドアを整備する上で問題にはなりません。しかし、多くの路線では複数の車両形式が走っており、ドアの位置や数も異なっています。列車のドア数やドア位置が異なれば、ホームに固定されたホームドアですべての形式の車両に対応させることはできず、ホームドアを設置したくてもできないという状況が生まれてしまいます。

新たに開業する路線であれば、最初からホームドアの導入を考慮して駅を設計することができます。しかし、140年を超える歴史をもつ日本の鉄道において、既存の駅にホームドアを設置することは容易なことではありません。

古くからある駅の多くでは、盛り土によりホームは形づくられています。そのままではホームドアの重量に耐えることができないため、ホームドア設置のためには補強工事が必要になります。列車を運行しながら補強工事を行い、ホームドアを設置することは容易ではありません。盛り土式以外のホームであっても、ホームドアの設置を前提としていない設計であれば、新たにホームドアを設ける際には補強が必要になります。

また、敷地や構造の制約からホームドアの設置が困難になる場合もあります。ホーム端と柱・階段などの間隔が狭い箇所では旅客の通路が確保できないこともあります。とくに、柱を簡単に動かすことができない地下鉄駅の場合は、この問題を解決することは極めて困難です。

新型ホームドアの開発

こうした課題に対して、鉄道事業者やメーカーが手をこまねいているわけではありません。課題の解決に向け、新型ホームドアの技術開発が進められ、国土交通省も技術開発への助成や新型ホームドアの普及に向けた手引きをつくるなど、ホーム上の安全性向上に向けた取り組みが進められています。

新型ホームドアでは既存のホームドアのもつ課題を解決するために、異なるド

ア数への対応と軽量化に向けて様々な技術開発が行われています。大きく分けると「上下に開閉するタイプ」と「左右に開く扉の開口位置を変えるタイプ」に分類できます。

上下開閉型のホームドア

列車が止まっていないときはホームと線路との間を遮断し、列車が入ったときには広く開放することで対応する発想で開発されたものが、上下開閉型のホームドアです。簡単にいえばガレージのシャッターと同じ発想です。シャッターとは異なり、風圧の影響を避けて見通しを確保するために、ワイヤーロープあるいはバーでホームと線路との間を遮断します。ワイヤーロープやバーで構成されているので、一見すると頼りなく感じられるかもしれませんが、電動車椅子の衝突や台風の強風にも耐えられる強度をしっかりもっています[図3]。

開口位置変更型のホームドア

ドア数の異なる列車に対応する方法として、普段は閉まっていても、開けたい場所をすぐに開けられる襖のような間仕切りがあれば便利です。こうした発想で開発されたホームドアが戸袋移動型のホームドアです。ホームに入ってくる列車

図3　昇降ロープタイプのホームドア

のドア数とドア位置に合うように、ドア部分と戸袋部分とがゆっくりと動いて位置合わせを行います。列車が止まったときには電車とホームドアとの位置がぴったりと合い、通常のホームドアと同じ開閉動作をします[**図4**]。

　これとは別に、戸袋は固定されているものの必要な箇所だけを開閉する形で、扉数の異なる列車に対応する方式も開発されています。一両分の長さの中に複数のドアを配置して、到着する列車のドアに対応した部分のホームドアのみを開閉するもので、マルチドア対応ホームドアと呼ばれています。すべてのタイプ

の列車ドア位置に合わせることは難しいですが、この方式で対応可能なドア数の列車のみが走る路線に適用するのであれば問題はありません[**図5**]。

ホームドアの普及で減らせるもの

　既存タイプや新開発のものも含めて、ホームドアの普及は今後も進んでいくことが期待されます。一方で、ホームドアがなかった時代の習慣がホームドアがつくられた後にも残っている例が見受けられます。たとえば、フルハイトのホームドアで完全に遮断されている駅で「黄色い線

図4 戸袋移動型のホームドア

からお下がり下さい」と言うアナウンスは
必要でしょうか。他にも、ホームドアに付
属したチャイムでドア開閉のお知らせが

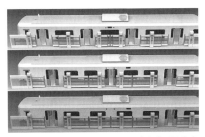

図5 マルチドア対応ホームドア（出典：国土交
通省鉄道局技術企画課技術開発室ウェブサ
イト）

可能なのに、遠くまで鳴り響く発車ベル
を長々と鳴らす必要があるでしょうか。

　新しいホームドアの開発に合わせて、
新しい旅客案内システムの開発も進め
られています。乗車位置周辺だけで聞
こえるスポットスピーカーや、ホームドアに
付属した乗車位置を示す光表示などが
考えられています。新しい技術開発と整
合性を取る形で、無用となるものを減らし
ていけば、駅の快適度も向上していくもの
と期待できます。

道路空間のデザイン
路面表示の活用

稲垣具志
中央大学

視覚障害者が道路を歩行する際の課題

　私たちが日頃から使う道路には、交通の安全と円滑を確保するために様々な工夫が仕掛けられています。ガードレールやポールのような施設のほか、信号機や横断歩道などの交通を管理するための設備もあります。道路は多様な人々が利用する公共空間ですが、そのなかでも視覚障害者は特に危険や不便を感じている存在として話題に取り上げられます。道路での視覚障害者の単独歩行をサポートする設備としては、「点字ブロック」とも呼ばれる「視覚障害者誘導用ブロック（以下、誘導用ブロックとします）」

が代表事例でしょう。そのほか、道路横断のために信号の切り替わりを知らせる「音響式信号機」や、正しい横断方向を知らせるために横断歩道に突起をつける「エスコートゾーン（道路横断帯）」といったものもあります。このように、道路で視覚障害者が求める安全と円滑を確保するためには、その歩行支援に特化したツールを設置するのが一般的です。

　このような視覚障害者のためのツールは、比較的通行量の多い駅周辺の道路や、当事者のニーズが高い公共施設・福祉施設の周辺の道路において積極的な導入が進んでいます。しかし一方で、**図1**の写真のような住宅街の生活

図1　住宅街の生活道路の例

道路では、そういった支援特化型のツールをくまなく整備することはあまり現実的ではありません。そのため、障害当事者は空間にある様々な要素を手がかりに歩行することが求められるのが現状です。

ここまでの話をきくと、生活道路では道路整備によって視覚障害者を誘導することが難しいように思われますが、実は、支援に特化したツールを追加することなく、既存の整備手法を賢く活用することで移動支援の効果をもたせることができる可能性があります。ここでは路面表示を有効活用する手法を取り上げながら、道路の空間制約のなかで多様な道路利用者の効用に資する「ユニバーサルな道路デザインのあり方」について考えてみたいと思います。

白い区画線の有効活用

まず、生活道路の単路（交差点でない場所）を歩行する状況を考えてみます。過去に、ロービジョン者と晴眼者を対象として、道路を単独で歩行するために視覚からどのような情報を得て利用しているのかを調査した事例があります。そこでは、ロービジョン者は晴眼者に比べて「白線（白い区画線）」と「誘導用ブロック」を歩行時の視覚的手がかりとして利用する割合が高いことが示されています。あまり広く知られていませんが、多くの

ロービジョン者は残された視力を使って誘導用ブロックを視認しながら歩行しています。

さらにこの調査では、そのような「誘導用ブロック」よりも「白線」のほうがロービジョン者に利用される状況が多いことがわかっています。歩道のない道路では、路側帯を示す白い区画線は歩行者の通行部分を確保するためのものですが、アスファルト路面とのコントラストの違いが明確なため、それを感知できるロービジョン者にとっては道路上の自身の位置を知るのにとても有用な存在となります。

たとえば、**図2**のように途中で歩道が途切れてしまう場合でも、白い区画線が歩道と車道の境に接続するように引かれていれば誘導性を高めることができます。また、路側帯の中で民地側の側溝部分をたどって歩く場合に、標識や電柱といった障害物を回避する際には、道路の中央側へずれて歩いてしまうことが多く見受けられます。そこで、**図3**のように

図2 歩道と路側帯との連続性

図3 路側帯内に障害物がある例

連続した白い区画線があれば、自身の道路内での相対的な位置を知ることができ、歩く軌跡のずれの防止ともなり得ます。路上駐車・放置自転車や除雪された雪のような動的な障害物に対する判断にも有効となるでしょう。

　生活道路における白い区画線は一般歩行者の安全対策として、たとえば子どもの通学路の安全確保といった観点から整備されますが、ロービジョン者に対する歩行支援との親和性が高いことはあまり知られていないことが現状です。

　全盲のひとに対しては、白杖や足裏を通した触覚による情報提供が必要となりますが、**図4**のように、白い区画線の表面にリブ（突起）がついていると、歩行軌跡のずれに対する注意喚起効果が生まれます。路側帯への自動車の逸脱を防止するための安全対策の一例ですが、全盲のひとへの情報提供の視点でとらえると、より大きな整備効果を期待することができます。

無信号交差点での交通安全施設の活用

　生活道路の無信号交差点は横断距離がたとえ数メートルであっても、視覚障害者にとっては心理的なストレスが強いケースが多く見受けられます。特に単独歩行に慣れていないひとは、横断時に自

図4 リブ付き外側線

身の位置や身体の向きを見失いやすく、横断開始、横断中、横断終了の位置や横断方向を知るための手がかりがあると安全性や安心感が向上します。

一方、近年国内各地においては、生活道路の交通安全を確保するための整備手法が多く提案され導入が進んでおり、自動車や自転車の利用者に注意を促すために、路面表示を工夫する方法もあります。注意喚起のために路面にコントラストをつけることになるため、白い区画線と同様にロービジョン者への誘導効果を期待することができます。

交差点の横断支援の可能性を検証した例として、交通安全対策のうちドットライン[**図5**]と交差点内カラー舗装[**図6**]に着目して歩行実験[**図7**]を行ったものがあります。実際の生活道路における交差点の横断状況を観測し、歩行軌跡のずれや実験参加者による主観評価が分析されました。

その結果、ドットラインについては、その存在そのものや、横断の手がかりとしての使い方をロービジョン者に情報提供すると、歩行軌跡が安定することがわかりました。実験参加者のヒアリングにおいても、歩くべき位置や方向を特定しやすく、より安心して横断することができるため横断支援としての有用性が高まると評価されました。

一方、交差点内カラー舗装について

図5 ドットライン

は、「ベンガラ色」と呼ばれる赤茶系の色が採用されることが多いのですが、アスファルト舗装とのコントラストが低いために視認性が低く、横断の支援とはなりにくいことから、色の再検討が望ましいことが示されました。カラー舗装は交差点

図6　交差点内カラー舗装

の存在をより認知させるための対策ですから、景観を損なわない範囲内で有効な色を再検討することは、視覚障害者以外のひとを含めた本来の整備目的においても意義のある課題です。

「ユニバーサルな道路空間」のデザイン

これまでのように、一般歩行者の安全確保の観点から手法が検討される万人向けの交通安全対策は、視覚障害者の視点を少し取り入れるだけで、単独歩行の支援という大きな効果を期待することができます。視覚障害者誘導用ブ

図7　交通安全施設を活用した交差点横断実験の様子

ロックのような支援特化型ツールの導入が難しくても、既存の対策を有効活用することで歩行環境の質を高められる可能性があります。

　障害者に対する支援は「バリアフリー」という言葉で、一般の交通施策とは別枠で、あるいは付け足しで検討されることがよく見受けられます。しかし道路の一利用者として障害者の利用形態をとらえることができれば、専用のツールを物理的に加えることができなくとも、既存の整備の考え方を転換するだけでユニバーサルな空間の創出ができます。

　図8は、幅1.5m程度の狭い歩道上に線状の誘導用ブロックが連続的に敷かれ、約5m間隔でグレーチングが現れるたびに、横に3枚並んだ点状の

図8　歩道に並べすぎた誘導用ブロック

誘導用ブロックによって警告される事例です。視覚障害者にとっては過剰な情報提供であると同時に、車椅子、ベビーカー、キャリーケースなどを使用するひとにとっては非常に使いづらい路面状態となっており、障害当事者の空間の利用方法にもう少し配慮できればこのような整備には至らないはずです。

　道路空間の計画・設計者が各専門領域をもちつつも、「そもそもひとが空間をどのように利用しながら歩行するのか」という基本を的確に知ることが、「ユニバーサルな道路空間」を実現させるポイントとなるのです。

　限られた空間の中で道路管理・交通管理を行う際、歩行者、自転車、駐車、公共交通、物流、環境などのそれぞれの計画セクションに対して必要な空間を与えてトータルしてしまうと、道路の幅はすぐにオーバーフローしてしまいます。多様な目的をもった不特定の道路利用者が、効率よく安全に空間を共有するためには、計画・設計者には各セクションを横断した知識とそれらをコーディネートする思想が求められるといえるでしょう。

視覚障害者誘導用ブロックのデザイン
その成り立ちから

大野央人
鉄道総合技術研究所

視覚障害者誘導用ブロックとは

　およそ日本に住んでいれば、視覚障害者誘導用ブロック（以下、「誘導用ブロック」とします）を見たことがないというひとはまずいないでしょう。そのくらい、誘導用ブロックは全国の公共空間に広く普及しています。でも、立ち止まってじっくりと観察したことはありますか。多くのひとにとって誘導用ブロックは注意を引くような存在ではないかもしれません。しかしそれは視覚障害者に歩くための情報を知らせるための補助設備で、視覚障害者からは高く評価されているものです。

　誘導用ブロックをよく見ると、表面の突起の形や並び方に3つのタイプがあることに気づくはずです[**図1**]。丸い突起のタイプは「点状ブロック」と呼ばれ、警告や注意喚起の意味を示します。一方、細長い突起のタイプは「線状ブロック」と呼ばれ、誘導や案内の意味を示します。また、点状ブロックと線状ブロックを組み合わせたものは「内方線付き点状ブロック（ホーム縁端警告ブロック）」です。これはプラットホーム（以下、「ホーム」とします）の縁端部に使われるもので、ホームの内側（安全側）と外側（線路側）の区別を知らせるための手がかりを備えています。

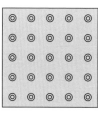

点状ブロック

線状ブロック

内方線付き点状ブロック
（ホーム縁端警告ブロック）

図1　視覚障害者誘導用ブロックの3タイプ

誘導用ブロックの規格化の経緯

　意外と知られていませんが、誘導用ブロックは日本で誕生しました。1965年に岡山県の故・三宅精一さんが丸い突起のついたブロックを考案し、それが現在の点状ブロックの原型になりました。その後、これが全国に普及していく過程で長い突起のついたブロック（現在の線状ブロックの原型）が考案され、1970年代半ばに点状ブロックと線状ブロックによる表示システムができ上がりました。

　このように点状ブロックと線状ブロックによる表示システムは比較的早い時期からできていましたが、誘導用ブロックのデザインが現在の形に落ち着いたのはもっと後のことです。誘導用ブロックが普及する過程では「水はけが悪い」「ハイヒールで歩きにくい」といった諸々の問題がもち上がり、そうした問題に対処するため、色々なひとがデザインの改良に取り組みました。そこでは点状ブロックと線状ブロックという大枠こそあったものの、子細が決められていなかったため、突起の大きさ・形・配置などが異なる誘導用ブロックが多数生まれることとなり、結果として1997年当時、誘導用ブロックのデザインには少なくとも44種類が確認されたといわれています［**図2**］。こうした個々の試みは「改良」を意図したものだったとはい

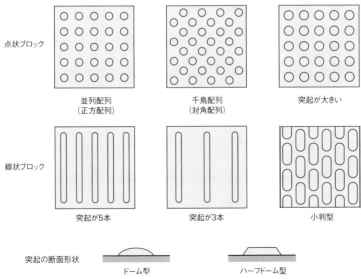

点状ブロック
並列配列（正方配列）　千鳥配列（対角配列）　突起が大きい

線状ブロック
突起が5本　突起が3本　小判型

突起の断面形状　ドーム型　ハーフドーム型

図2　様々なデザインの例

え、結果的には様々なデザインの誘導用ブロックが混在することになり、結局、視覚障害者にとっては紛らわしさの原因になりました。

こうした事態を収拾するため、1990年代の終わりに旧通産省の試験機関である製品評価技術センター（現在の製品評価技術基盤機構）が誘導用ブロックの突起の大きさ・形・配列と認識のしやすさの関係に関する綿密な検討を行い、誘導用ブロックの「最適形状」を提案しました。この研究成果に基づき2001年、誘導用ブロックのJIS規格（JIS T 9251 視覚障害者誘導用ブロック等の突起の形状・寸法及びその配列）が誕生し、これ以後、日本国内で新たに生産される誘導用ブロックは原則としてこの規格に準拠しています。

しかし、この規格の発行以前に敷設されていた誘導用ブロックにまで遡って入れ替えが求められているわけではないため、規格の発行から20年近くが経過した今日においても、巷にはまだ古い形状の誘導用ブロックが残っているのが実状です。

内方線付き点状ブロック、開発秘話

視覚障害者にホームの端を知らせるため、ホーム縁端部には誘導用ブロックが一列に敷設されています。この誘導用ブロックには2002年頃まで通常の点状ブロックが用いられていました。しかし点状ブロックはどちらの方向から見ても同じ形をしていて、視覚障害者がホームの内側（安全側）と外側（線路側）を区別する手がかりがありませんでした。当時の調査では、視覚障害者の約6割にホームの内側と外側を勘違いした経験があったと報告されています。このようなことから、ホームの内側と外側を識別する手がかりを設けることが必要になりました。

その方法として、音や音声で示すことも可能でしたが、駅ホームには列車の走行音などがある上、対向するホームの音を自分がいるホームの音と勘違いする危険も考えられます。また、地下鉄などトンネル部分では音が反響して方向を錯覚する可能性も考えられました。そこで、誘導用ブロックと同様に確実に提示できる方法として触覚情報が選択されました。

しかし、ホーム縁端部に敷設済みの点状ブロックを全国にわたって入れ替えることは現実的ではないことと、視覚障害者の視点で考えても、慣れた点状ブロックを別物に変えてしまうことは、混乱を起こしかねません。そこで既存の点状ブロックはそのまま変えずに新しい情報を加える方法として、点状ブロックの内側部分に線状の突起（内方線）を付加する方式が生み出されました。

次の問題は付加する内方線のデザインをどうするかでした。1本がいいのか2

図3　内方線付き点状ブロックの検討／手前の2つは点状ブロックと線状ブロックで、向こう5つがプロトタイプ

本がいいのか、点状突起からどれくらい離せばよいのか…など。数種類のプロトタイプ[**図3**]を用いて視覚障害者による評価試験が行われた結果、もっとも使いやすいのは線状突起が1本で、点状突起から90mm程度離したデザインであることがわかりました。

このような検討の結果、内方線付き点状ブロック（ホーム縁端警告ブロック）が誕生し、現在では全国の駅に普及しています。そしてJIS規格（JIS T 9251（2014年改定版）高齢者・障害者配慮設計指針——視覚障害者誘導用ブロック等の突起の形状・寸法及びその配列）にもなっています。

誘導用ブロックの敷設の課題

現在、JIS規格に採用されている誘導用ブロックは、前述のとおりの3種類となっています。もっとも、内方線付き点状

ブロックは敷設する場所がホーム縁端部に限定されていますから、様々な場所に汎用的に用いることができるのは点状ブロックと線状ブロックの2種類になります。

このように種類が少ないことは誘導用ブロックという表示システムの理解しやすさにつながっていますが、反面、種類の少なさがマイナスになっているということもあります。たとえば点状ブロックは警告や注意喚起の意味に用いられますが、具体的な敷設箇所は、階段や段差、スロープ、エスカレーター、横断歩道などの危険性を伝えるためにその前後に敷設されます。また、障害物の周囲に敷設されることもあります。一方で、案内所や触地図・点字案内板、エレベーターなどその事物が設置されていることを示す役割も担っています。このように点状ブロックが示す情報は多岐にわたります。

ということは、視覚障害者が歩いているときに点状ブロックに出くわしたとしても、それが何に向けたものなのかは周囲の状況を調べてみるまでわからないということになります。様々なところへの拡充を求める視覚障害者の声も多いのですが、現在のシステムのままで点状ブロックの敷設箇所をさらに増やすのは難しいかもしれません。

ブロックの配置とその間隔

　視覚障害者が足や白杖でブロックを使う際、情報を得ることができるのは足や白杖が届く範囲に限られ、また一度で全体に触れることはできません。視覚を使って見渡すのとは大きな違いです。そのため、視覚障害者が触覚で使うことを想定すると、ブロックの配置はとても重要で、とくにブロックどうしの間隔は、その認識しやすさに大きく関わります。

　視覚障害者を対象にしたある検討から、その間隔は60cmと導き出されました[図4]。この実験結果は、駅の島式ホーム（両側を線路に挟まれたホーム）の先端箇所においては、ブロックとブロックの最低間隔を60cmとする敷設方法に活かされています。

　つまり、ブロックが正しく認識されるためには、ブロックの周囲に一定の空白が必要になるということを示しています。しかしまちを見渡すと、異なる用途のブロックが互いに近接したり密集したりしている箇所がしばしば見受けられます[図5]。ブロックの配置方法は国土交通省の「バリアフリー整備ガイドライン」に示されていますが、様々な場所ごとに敷設方法が示されているだけで、ブロックどうしの間隔についてはとくに決まりがありません。視覚障害者にとってのわかりやすさを考慮すれば、今後はブロックとブロックの間隔にも配慮する必要があるのではないでしょうか。

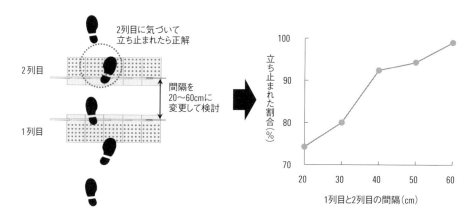

図4　2列目の誘導用ブロックに気づくために必要な間隔

図5 ブロックの近接や密集

敷設のポイントと今後への期待

視覚障害者にとってのわかりやすさは単純に突起の高さや配列、先に述べたような設置間隔だけでは決まるものではありません。周囲がアスファルトのように凸凹な場合と高級ホテルのロビーのようにツルツルした石の場合では、同じ突起高さでもそのわかりやすさが違うことは68ページ「触ること」による空間認知」でも触れています。重要なことは突起と周囲面の触覚的なコントラストであり、両者をセットで考える必要があります。

それを実現するためには、情報学などでいうSN比(信号(Signal)と雑音(Noise)のバランス)のように、重要な情報とそれ以外の情報とのバランスを考えることが重要になるでしょう。そして、このSN比になぞらえた考え方はブロックのわかりやすさにも通じるかもしれません。

誘導用ブロックの突起は視覚障害者に情報を知らせる重要な機能をもっています。ところが、この突起が車椅子にとっては障壁(バリア)になる場合があります。こういう問題を抱えたままでは誘導用ブロックを今日以上に発展させることは難しいかもしれません。今後、誘導用ブロックをさらに発展させるためには、視覚障害者のためのバリアフリーという視点に加えて、これを必要としないひとにも配慮するということも重要となります。この問題をクリアできれば、誘導用ブロックはさらに発展できるのではないでしょうか。

点字・触知案内図のデザイン
その可能性を高めるために

和田勉
日本点字図書館

一筋縄ではいかない点字の事情

　視覚障害者への情報提供支援を考える際に、「点字」を検討することは、よくあることです。しかし、いざ専門家に相談すると、なかなか一筋縄ではいかない事情に振り回されることがあります。

　まず、何が書いてあるかわからないわけです。それをわからないと言うと、「簡単に覚えられますよ」と言われます。簡単なら、自分たちでもつくれるだろうかともちかけると、「大変に難しい規則があるので素人が手を出せるシロモノではない」と諭されることでしょう。あるいは「実は、点字の使用率は人口の1割ほどしかいないので、あまり役立たない」と打ち明けられるかもしれません。それほど役には立たないものかと思って、当事者ヒアリングをすると、「是非にもつくってくれ」という結果に驚かされる、といった事情です。

　こんなふうに書くと、点字とはなんと矛盾した存在なのだろうと思われそうですね。しかも、そのどれもが、ちょっとずつ正しいのです。ここでは、点字にまつわる謎を明らかにして、点字による有効な情報支援に役立てていただきたいと考えます。

点字は簡単か

　まず、点字を扱うのは簡単なのか、それとも難しいかという話を考えてみます。点だけの存在に、最初から拒否反応を示すひともいるかもしれません。しかし、最近では、小学校の教科書にも載っていて、たぶん1〜2時間も学べば、自分の名前の点字を名刺に打つぐらいのことはできるようになるでしょう[**図1**]。読むほうも、指で読むのは大変ですが、見えるひとならば一覧表を片手にすれば、家の中やまちなかにある点字を、ある程度読みとることもできるようになるだろうと思います。

点字は難しいのか

　点字で資料をつくるとき、本当に大変なのは、点字独特の規則に従って正しい表記で書き表すことです。点字では、文章を作成する際に、カナ書きのみで表

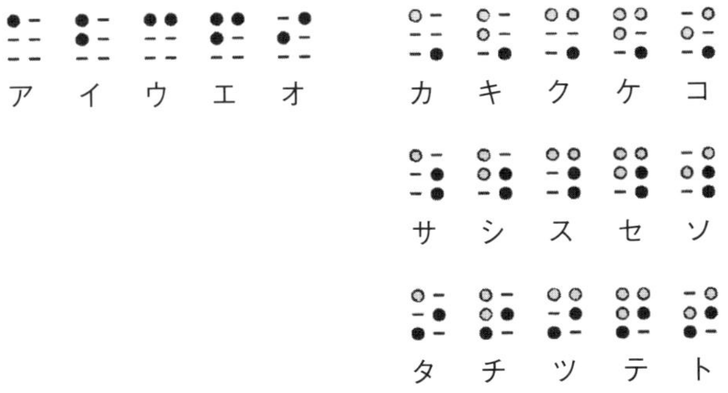

図1 点字の構造。母音の点と子音の点の組み合わせで表す

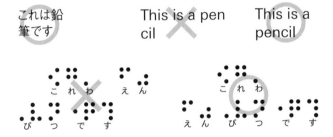

図2 表音文字である点字は、英語と似た表記の規則がある（なお、点字は表音文字であるため、「これは」ではなく「これわ」としている）

記します。そのため、文の意味を伝えるためには分かち書きすることが重要です。たとえば「オヤジシンダ」というカナ文字列は、「オヤ／ジシンダ」と「オヤジ／シンダ」のように、分かち書きの位置によって、まったく意味が異なります。

点字を書く規則は、同じ分かち書き表記の英語と比較するとわかりやすいかもしれません。たとえば「これは鉛筆です」という文章があったとして、漢字カナ交じり文の日本語ならば、「これは鉛」で改行して、次の行頭を「筆です」と書かれても、

違和感なく読んでしまいます。

しかし、英語で「This is a pencil」の「pen」と「cil」を分けてしまっては大変です。これと同じことが点字にもいえるのです［**図2**］。点字では「えん」と「ぴつ」は分けて書くことは許されません。もし行末までできたら、単語ごと次の行に移さなければならないのです。ちょうどタイプライターで打った英文のように行末がガタついたレイアウトになるのが点字表記の特徴です。行末に限らず、点字で書かれた文章のどこに切れ目を入れられるかという判

断には、高度な文法的知識を求められることもあり、点字を間違いなく書くことは、なかなか大変なことなのです。

点の配置と大きさ

正しい書き方がわかったとして、印刷や加工用の図面を作成するときにも注意が必要です。6点で構成される点字には決まった寸法があり、拡大縮小ができないからです。指で撫でたときのザラザラ感で読み取る文字ですから、点と点の距離が変われば、触感が異なれば文字として成立しなくなります。

また、点の山の形にも気を配る必要があります。点字の加工方法は多様化しており、素材の裏からピンで押し出すエンボス加工のほかに、スクリーン印刷、エッチング、ガラスの焼成、ピン打ちなどの方法が確立しています。いずれの方法においても、点の形状がドーム形であることが重要です。点字を読み取る行為は、盛り上がった山の頂上部を指の腹でかすめていくようなものです。そのときの刺激の強さが、点字の明瞭さにつながります。山が高ければ明瞭なのはもちろんですが、高さがあっても茶筒のような形の場合、天面の刺激は弱く、円周のヘリに指腹が当たったときの刺激がノイズとなり、ガサガサした読み心地の悪い点字になります。

点字寸法についての具体的な数値は、JISに規定があります（JIS T0921 アクセシブルデザイン——標識、設備及び機器への点字の適用方法）。

触知案内図はお好き？

近年、設置が目立つものの、視覚障害者からの評価があまり高くないのが触知案内図です。そもそも、触って図を理解するということは、点字を読むよりずっと難しいことなのです。

晴眼者にとって、図は、全体を一望することができるから、ものごとの全体像を掴みやすい＝わかりやすい方法です。しかし、指で図を探るのは、指の腹ぐらいの大きさのデバイスで、全体をスキャンしていくようなものです。部分イメージをヒントに頭のなかで全体像を組み立てなければなりません[図3]。

この作業は時間もかかるし、図のつくりが悪いと正解にたどり着くことすらできないこともあります。実際、点字をすらすら読めるひとでも、図は苦手と公言するひとは珍しくありません。点字使用のできる視覚障害者の数が少ないと書きましたが、触図が得意・好きと言う視覚障害者の数は、もっとずっと少ないはずです。

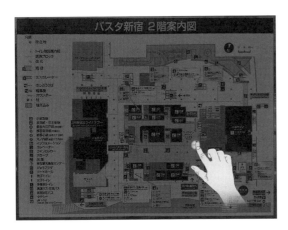

図3 複雑な触知案内図をその場で理解するのは、指の腹ぐらいの大きさの覗き穴を上下左右に移動させて理解しようとするような難しいもの

触知案内図の有効性

もちろん、図には図のよさがあります。点字や音声で空間の面的な情報を伝えることは、時として非常に効率が悪いからです。

たとえば、視覚障害者向けの言葉の地図のようなものをつくることはできます。「改札を背にして、正面に大通り。通りの右側には手前から本屋、靴屋、パン屋…、通りの左側には手前から銀行、花屋、不動産屋…が並びます」というような説明です。こうした説明は、それなりに役立ちます。しかし、この説明だけでは花屋の向かいにパン屋があるというようなことはわかりません。もちろん言葉を足すこともできますが、文章がどんどん長く複雑になって、かえってわかりづらいものになりかねません。図にしたほうが、ずっと早くわかりやすく伝えられます。

こうした場合には、やはり図を使うのが便利だし効率的なのです。ただし、目で見る場合の図のように、全体像を把握できないので、概要を言葉で補足するなどの工夫をすることも必要です。

使いやすい触知案内図とは

まちなかにあるような設置型の触知案内図は、読み取りに時間がかかるので、あまり便利なものではありません。何度か通って、ある程度の位置関係が頭に入っている駅であれば、図を見て、空間を確認することは有効だと思います。しかし、初めての場所の空間的な構造を知るのに、設置型の触知案内図を使うことは極めて非効率的です。

本当に望ましいのは、冊子型のものを事前に提供して、家などでゆっくり見てもらうことです[**図4**]。テーマパークによって

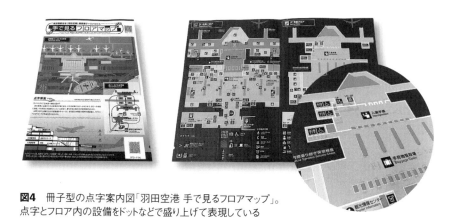

図4　冊子型の点字案内図「羽田空港 手で見るフロアマップ」。
点字とフロア内の設備をドットなどで盛り上げて表現している

は、パーク内触地図を希望者に送って
いるところもあり、このようなサービスは非
常に喜ばれます。しかし、現状では設置
型の触知図がバリアフリーガイドライン
で要求されているからつくるだけであっ
て、いくら有効だと説明しても、紙仕様の
ものをつくるための規則がないため、バリ
アフリー工事の一環で、つくってもらえるこ
とは非常に稀です。設置型の案内図は
建築の設計に縛りをかけて製作を義務
づけることができますが、冊子形式による
情報提供を、施設整備の面から義務づ
けることには難しさがあるようです。

触知案内図導入のために必要なこと

　それでは、設置型の触知案内図をつく
らなければならないとき、つくり手はどういう
ところに気をつけるべきでしょうか。そのお
よその手がかりとなる規格があります（JIS

T 0922 高齢者・障害者配慮設計指針——触
知案内図の情報内容及び形状並びにその表示
方法）。

　この規格は、まちなかに点字表示や触
知案内図を見かけるようになった2000
年代初めに制定されました。当時は、公
共的な空間に点字表示や触知案内図
が急速に普及しつつある時期でしたが、
その一方、間違いや不適切なものが多
いという声が視覚障害当事者などから
あがっていました。日本盲人社会福祉
施設協議会が、2001年に実施した視
覚障害者約200人を対象とした「点
字サインに関するアンケート調査」によ
れば、当時の点字サインの問題点として
「複雑な図が理解できなかった」とする
回答がもっとも多かったのです[**表1**]。当
時は、たとえばエレベーターを×で表すと
いった設計図面そのままの表現を盛りあ
げただけの触知案内図をよく見かけまし

表1 点字サインの問題点

複雑な図が理解できなかった	91人	44%
上下逆さまに貼られていた	89人	43%
誤字があった	75人	36%
板面が汚れていた	74人	35%
点が薄すぎて読みづらかった	64人	31%
マスあけなど点字表記の間違いがあった	60人	29%
点が取れていた	59人	28%
穴があくなどイタズラされていた	51人	24%
点が高すぎて読みづらかった	24人	11%
板面がひどく熱い、または冷たかった	16人	8%
その他	54人	26%

*点字サインに関するアンケート調査から（2001年、回答数約200、複数回答）

た。そのような視覚的な図をつくらないよう、案内図という分野に限って、指で触る図のノウハウを伝えるためにつくられた規格ということになります。この規格では、当時バラバラのデザインだった触知記号についても、当事者調査に基づく標準案を掲載しています。

JISが要求するデザイン原則

ということで、触知案内図の製作に携わることになった際には、ぜひ規格を使っていただきたいと思いますが、その基本的なデザイン原則はシンプルにつくることだといえるでしょう。視覚的な図、そのまま

の情報をすべて入れることは、往々にして情報過多になりますから、まずは何を入れるかという整理が必要です。規格では、触知案内図に入れるべき情報項目をリスト化しています。

また、わかりやすくするための方法として、利用できる場所とできない場所を明確に区別することを求めています。よくある「わかりにくい図」の典型例として、線だけしか盛りあげていないものがあります。ドットなどの面的なパターンで、利用できない空間を埋めれば、図の探索にかける時間を大幅に短縮し、わかりやすさに大きく貢献してくれるのです。

面パターンは、ドット以外にも斜線やベタといった表現も使えます。JISの触知記号には、記号の違いを形だけでなく、記号の中の面パターンを変えることで識別性を高める工夫をしたものもあります。

表現的な限界があることを知る必要もあります。駅前ロータリーにかかったペデストリアンデッキにある案内図のような、地上部分と2階部分を同時に描くような複雑な表現は、触知案内図では難しく、図を分けることを提案しています。

点字表示にしろ、触知案内図にしろ、視覚障害者のニーズに沿った導入を進めていくことが大切です。そのため、製作の際には最近は視覚障害者など専門家の確認を義務づける場合も出てきているようです。

サインのデザイン
公共空間のわかりやすい案内

中村豊四郎

アール・イー・アイ

知る手立てと、知らせる手立て

　知らない土地や施設内で、目的の場所へはどちらに進めばよいのだろうか、自分は今どこにいるのだろうか、と迷う経験は誰にでもあります。ひとが移動するための情報を、利用者と提供者の両面から考えてみましょう。

　今いる位置やこれから向かう方向を知る手立ては2通りあります。ひとつは、自分の感覚や記憶を駆使して知ることです。つまり個人の感覚と環境との対話です。視覚、聴覚、触覚、嗅覚などを用いて判断します。ただし見え方、感じ方、理解の仕方は、ひとによって異なり、誰もが同じ結果を得るものではありません。2つ目は提供者が表示などで示したもの

——サインから知ることです。こちらは受け手によって異なった理解があってはなりません。提供者はサインの内容に多様な理解が生じないように表現を吟味しなければなりません[**表1**]。

サインの手法と性能

　サインとは広義には伝えるための手段すべてを指しますが、本節では文字や図形などの共通言語を用いて表記されたものを「サイン」と呼びます。

　サインの性能には2つの側面があります。ひとつはサイン単体の性能、もうひとつはサイン集合体としての性能です[**図1,2**]。サイン単体の性能としては、以下の点が重要です。

表1　外出先で、今どこにいるか、どちらに行けばよいか——知る手立てと、知らせる手立て

感覚	視（見る）	聴（聞く）	触（触る）	嗅（嗅ぐ）	味（味わう）
知る手立て（利用者）	◎表示 ○景観	◎放送 ◎信号音 ◎環境音	◎点字・触図 ◎誘導ブロック ○路面素材	○（匂・臭）	×
知らせる手立て（提供者）	◎表示	◎放送 ◎信号音	◎点字・触図 ◎誘導ブロック	▲（匂）	×

◎：共通言語として用いる　○：個人的に用いる　▲：まれに提供者が用いる

・見つけやすい——サインが環境の中で際立っていること

・読みやすい——フォントや図記号の選択、余白、色彩の用い方など

・理解しやすい——平易で簡潔な表現

　利用者がもつ感覚器の特性により、読みやすさや見やすさ、伝わりやすさが異なります。そのためそれらの研究・開発がなされています［**表2**］。

　対象施設の用途により、ひとの移動パターンが異なります。その特性に合わせた案内内容と配置が、サインの集合体としての性能です。たとえばホテルや病院のような滞在型施設と、鉄道駅などの通過型施設ではサイン配置の考え方が異なります。

　滞在型施設では利用者の到達点が施設内にあるので、室名など場所を区別するサインが主となり、グラフィックのデザインにもある程度独自性が求められることがあります。一方、通過型施設では誘導サインが主となり、接続する施設間で表示のルールが統一されていなければ混乱が起きます。

サインをとりまく時代背景の変化

　近年、ひとが移動するために提供される情報は急激に増えています。その背景を見てみましょう。

　2015年までの45年間で、国民の平

図1　サイン単体の例／滞在型施設の案内図。全体の建物配置とフロアの施設を案内している。国際交流の場なので英語を主表示とした

図2　サイン集合体の例／サイン配置のルール。エレベーターや階段付近などそのフロアの移動起点に案内図を設け、以降に個別施設への案内を配置した

表2 利用者のタイプによるサインへの配慮点

利用者のタイプ		利用者の特徴	サインへの配慮事項
視機能	全盲	・視覚情報が見えない ・音サインや点字、誘導ブロック、ホーム柵などの設備整備が必要	・触知情報や音声情報を併用する ・白杖で触知しにくい自立式案内板の足下形状を見直す
	ロービジョン	・視野の中で明度コントラストの強いものを進行方向の手助けにしている ・小さな文字が読めない ・地図などは全体を把握しにくい ・情報が判別しにくい ・照度に影響されやすい ・まぶしさ(グレア)が苦手	・サインやサインまわりを明るくする ・大きな文字を採用する ・目線の高さに設置する ・反射や映り込みなど素材に注意する
	高齢者	・小さな文字が読みにくい ・照度が低いと読みにくい ・まぶしさを感じやすい ・可変表示の切り替えが速いと読み切れない	・サイン表示面は適切な照度を確保する ・表示面はつや消しとする ・光源が直接目に入らないように、照明とサインの位置を調整する
移動	車椅子使用	・垂直移動はエレベーターに限られるので、経路が歩行者と異なる ・目線の位置が低い	・エレベーター位置案内を充実させる ・近づきやすい形態とする ・サインまわりに占有できる空間を設ける ・認識しやすい位置、形態とする
	歩行困難・高齢	・上りより下り階段が困難な場合がある ・水平移動距離がかせげるため、エスカレーターを好むひともいる	・バリアフリールートの他、エスカレーターの案内 ・エスカレーターの運行方向が変わる場合の予告案内
	ベビーカー使用	・エレベーターによる垂直移動が基本だが、少しの段差や階段は持ち上げて移動する	・無理して階段を利用しないように、エレベーターの位置や距離をわかりやすく示す
コミュニケーション	子ども	・目線の位置が低い ・理解力や判断力の個人差が大きい	・理解しやすい文字、表現とする
	外国人	・日本語がわかりにくい ・生活習慣が異なる	・英文や図記号を併記する ・使用方法や注意喚起には多言語による表記を行う
	認知	・文字が多いと読まない ・サインが多いと自分に必要なサインがわからない ・耳で聞いただけではなかなか理解できない ・抽象的な表現(矢印など)が理解できない ・難しい字が読めない	・ひとつのサインに多くのことを表示しない ・一度に多くのサインが目に入らないよう配置の工夫 ・漢字に読みがなをつける
	色弱*	・見分けにくい色の組み合わせがある	・判別しにくい色の組み合わせは使用しない ・色だけで区別することは避け、形、文字と併用する ・色以外の表現方法を工夫する

＊ ここでは、慣用語として「色弱」を用いた。正しくは25ページ[表1]を参照。

便座に座って
左側に固定手摺があります
Fixed handrail is on the left side
when you are seated

【改善前】
配置図をそのまま図化した。移乗時の動作がイメージできていない

固定手摺は右側
Fixed handrail is RIGHT side

【改善後】
利用者にとっての右左と絵の向きを合わせた

図3　多機能トイレの設備説明例／固定手摺の案内が配置図なので説明が長い。ピクト化してシンプルでわかりやすくした。文字は主説明ではなく補助なので、最小限に整理した

均年齢は15.3歳上がっています。高齢化は視覚や歩行機能の低下をもたらしました。大きな文字でより簡潔な表現を探らなければなりません。ちなみに日刊紙本文の文字サイズは1.5倍となりました。つまりその分、文字数は半減**し簡素な表現となっています。

情報の取得や理解に時間がかかる

　高齢になるほど見え方が変化して情報の取得量が減り、さらに理解の幅が狭くなる傾向があります。高齢者にとって、状況が過去の記憶と異なっていると変化への対応に時間がかかります。案内がたくさん書いてあると、どれを見ればよいのかわかりません。多くのひとは自分が必要としない音や視野にあるものを無意識に除外しますが、そのフィルターが弱い

ひともいます。

　図3は片麻痺のひとへの便座の固定手摺の案内です。改善前は便座に対面した図表現だったものを、利用者が移乗する際の体の向きと図の左右を合わせて簡潔にした例です。

お出かけ環境の変化

　2006年に定められた「高齢者、障害者等の移動等の円滑化の促進に関する法律」に先立って、駅にはエレベーターの設置が進められました。既存の施設に新たなエレベーター設置場所の確保が困難なため、従前の階段利用ルートとは掛け離れた位置となることがあります。そのためバリアフリールートは別の方向に誘導するなど、案内が複雑になります。一方でモバイル機器の普及は利用

＊＊　15段15文字から12段12文字、文字数は単純計算で144字÷225文字＝0.64倍だが、文字が幅方向にも大きくなり行数も減るので、文字数はさらに減る

図4　追加されたトイレ誘導サイン／左の小さな表示では質問が多いため右下のサインが設けられ、さらに混雑時のため上部が追加された

者の行動パターンを変えました。移動経路を事前に計画することに厳密ではなくなり、かつナビゲーターに頼って歩き、サインを見ないひとも増えています。

このほか、交通ネットワークの複雑化やサインの多言語表記化にともない、提供情報は増加していっています。しかし、限られた表示面にさらに情報を詰め込むことは視認性が低下するため、掲載する情報の取捨に慎重にならざるを得ません。

サインの氾濫が混乱を招く

わが国の公共施設には、実にサインが多く設置されています。ほとんどは施設の用途や運用が変わったため足されたサインですが、中には既設のサインに貼り紙の追加が見られます。なぜ追加や貼り紙が増えるのでしょうか。

それは利用者からの質問や苦情があるとすぐに対応するという、わが国の職員の勤勉さともいえます。しかしすぐの対応

が結果的にサイン類の氾濫につながることもあります。放送が重なっていて聞こえなければ、ボリュームを上げる。それでも伝わらないときはさらに音量を上げるでしょうか。単にサインを"増やす""盛り込む"は、わかりにくさの要因になります[**図4**]。

「わかりやすい」環境を実現するには

利用者中心の施設にするためには、サインだけでは解決できません。シンプルにわかりやすくするには背景のシステム整理が必須です。**図5,6**は個別の要望に対応して設けられたサイン類を統合整理した事例です。

表示内容の多様化は必ずしも利用者に歓迎されるものではないので、いかに簡潔なサインを掲げるか、提供者には課題が山積しています。

では利用者側からはどうでしょう。わが国ではいつ頃からか、都会ではひとに道を尋ねる行為が少なくなりました。道がわからないときは、管理者にクレームする行為が多くなっています。海外では不案内な私たちですら道を尋ねられることがあります。路上で地図を広げていると、ひとが寄ってきて教えてくれます。ときには不適切な案内もありますが、ひととひとのコミュニケーションがあります。

スマートフォンは遠くにいるひととの距離を近づけました。しかし直近のひととの

図5　地下鉄駅の床サイン／床面の誘導表示と点字ブロックが別々に設置されていた

図6　図5の改良後／床面の誘導ラインはエレベーターをつなぐ経路に限り、線状ブロックの谷部に敷設することで、コントラストの確保とともにラインの摩耗や剥がれを防いだ。各施設への誘導表示は動線の分岐点に集約した

やり取りを遮断する属性も見過ごせません。身近なコミュニケーションを復活させることが余計なサインの繁殖を防ぎ、わかりやすい環境づくりにつながるのではないでしょうか。

音環境のデザイン
トータルデザインのための3つの視点

武者 圭
サウンドスケープデザイナー

現在の音環境

　ターミナル駅のラッシュ時、プラットホーム（以下、「ホーム」と記します）上ではどんな音が聞こえるでしょうか。何本も並んだホームを発着する列車の走行音、人々の足音以外に、列車の発着やホームドアの開閉を知らせるチャイムや音楽、列車の種別・行き先や乗り降りに注意を喚起する自動アナウンスやそれに割り込むような駅員のアナウンスと、列車がホームを離れるまでとめどなく大量の音が流れ続けます。

　少なくとも、チャイムや音楽、アナウンスなどは聞いてほしいと思って流しているはずです。それなのに、なぜ音の洪水が発生してしまうのでしょうか。こうしたいわば"騒音公害"を生みださないように、たくさんの聞こえる音から必要な音・聞いてほしい音を確実に届けるためには、音環境の「トータルデザイン」という考え方が必要になります。

音の大きさと方向

　必要な音を騒音にしない工夫としてもっとも簡単な方法は、音の大きさを抑えることでしょう。しかしそれだけでは限界があるので、音源の設置位置と音の伝わる方向を考えることも必要です。音サインを考えるとき、音源の設置位置と流す内容については話題になりますが、その音がどの方向に流れて聞こえるかはあまり検討されていないように思われます。音源をただガイドラインなどで求められている位置に設置すればいいというものではなく、音がどのくらい離れたどの方向から聞こえるかという、距離と向きに関する検討がもっとも重要です。

　バリアフリー法やバリアフリー整備ガイドラインでは、おもに視覚障害者を安全に誘導するため、鉄道駅を中心に有人改札口・トイレ・ホーム上の階段口・エスカレーターの乗り口・地下鉄の地上出入口に音サインを設置するように定めています。しかしとても残念なことに、ガイドラインで求められている位置で鳴ってさえい

図1 階段上のスピーカーからは鳥の声の音サイン、エスカレーター上のスピーカーからは行先の音声案内が流れ、どちらを利用するか選択できる〈京王電鉄京王線八幡山駅〉

ればよいという考えで設置されたかのようなスピーカーが散見されます。

たとえば、ホームは全盲のひとにとっては「欄干のない橋」と言われるほど、線路への転落の危険が多い場所です。それを防ぐため、音サインは彼らを階段口やエスカレーターの乗り口へ確実に誘導する必要があります。複数のホームが並んでいる駅では、音サインがそのホームの外に向けて流れると、隣のホームと勘違いして転落に結びつく危険がありま

す。東京の私鉄である京王線では階段口に設置した音サインが隣のホームに漏れないように調整し、階段とエスカレーターが並んだところでは手前3〜4m程度の位置で利用者がこれらを選択できるように工夫しています[**図1**]。

音の性質と周囲の影響

環境によっては周囲の音が大きく、音サインの設置が適当とは思えない場所

もあります。そのような場所での音サインは、音の性質を工夫することで聞こえるようにすることができます。もっとも重要なことは、その音サインが様々な周波数成分をもっていることです。周波数成分が少ない音サインは音源の位置が特定しにくいだけでなく、周囲の音にかき消されやすくなってしまいます。また、高齢者になるほど高い音（高周波数）が聞こえにくくなるため、そこへの配慮も必要です。

　東京都の「江東区やさしいまちの誘導システム」では、音の性質に基づいたいくつかの工夫が行われています［図2］。このシステムは交差点にある住所や道路名を示す地図付きの案内板から5種類

の音を流し、隣り合った交差点には別の音を流すことで、道に迷っても元の場所に戻れるようにするという仕組みです。交差点は住宅街にも大通り沿いにもあるので、住民にうるさいと感じられないことはとても重要ですが、騒音の中でも歩行者に聞こえなければなりません。そのために前述のような広い周波数成分をもった音サインとしています。

　このシステムをめぐらせる地域内でもっとも大きな音は、東京湾岸の倉庫街を出入りする大型トラックの走行音です。大通りではこの走行音が騒音となる一方、全く車が通らず、比較的静かな場所や時間帯もあります。また、このシステ

地下鉄出入口付近には音サインの付いた広域案内板と周辺案内板が設置され、駅を起点としたまち案内がなされている

同駅、別の出口にある音サイン付き案内板

図2　「江東区やさしいまちの誘導システム」

ムを利用するのは、おもに交差点の案内
板で音が鳴っていることを知っている地
域住民と考えられます。そこで、周囲の環
境に合わせて案内板から半径2m以
内のみで聞こえるように音の大きさを調整
し、夜間はそれより半分の大きさになるよ
うにすることで24時間鳴り続けても騒音
被害を出さないように工夫しています。

音環境の整理に必須な3つの視点

　音サインが騒音にならないためには、
複数の音サインをトータルにとらえること
が必要です。そこで、コンテンツ（contents:
情報の内容）・コンテクスト（context: 文脈）・

サーカムスタンス（circumstance:環境条件）
という3つの視点で音サインを考えること
が重要です。それぞれを単独で考えるの
ではなく、音環境全体の一部分としてこ
れらの視点を関連させることで、音サイン
が意味をもちます。
　ここでは、2004年に開館した〈メルパ
ルク熊本〉の館内音サインの例を取り
あげて、音サインと音環境の設計に必
須な3つの視点を説明します［**図3**]。
　〈メルパルク熊本〉ではフロントカウン
ター・触知案内図付きフロア案内板（以
下、フロアー案内板とします）・トイレ入口・レスト
ランを表す4種類の音サインを設置し、
複数の音サインが重なって聞こえてもそ

幹線道路の交差点に設置された
24時間音サインの出ているポー
ル型の自動サイン音付き案内板

風が吹いたりボタンを押したりしたときだけ音が流れる風サイン音
付き案内板。歩行者・自転車の主要な動線上の道路や公園など
の周囲が静かで電源がとれない場所にあり、駅や主要施設等を
案内している

れぞれの音サインの特徴が区別できるようにデザインしています。

視点① コンテンツ

音サインの「コンテンツ」（情報の内容）とは、音の情報を発信する側から、対象とする利用者に伝える音情報です。もっとも大切なコンテンツが確実に短時間で理解されなければならないので、その場で知らせるべき多種多様な情報のうち、場面にふさわしいものを取捨選択して最低限まで絞りこむ視点がとても重要です。〈メルパルク熊本〉の館内誘導音サインのデザインでいちばん必要なコンテンツは、人的支援が得られないときの情報です。そこで、フロア案内板と職員がいると考えられるフロントカウンターの位置を

知らせるため、そのコンテンツが確実に伝わる音サインをデザインし、その設置方法と場所を重視しました。

フロア案内板は、ロビーから階段・エスカレーター・エレベーター・トイレに向かう動線の交わるところにあります。そこで、「森の小径の道案内」と名づけた音サインは木琴を叩くような音を約2秒ごとに鳴らして一里塚の木の切り株をイメージさせ、そのフロアの基点という「コンテンツ」を与えるデザインとしています。

フロントカウンターは歓迎のイメージがほしいという要望から、「メルパルクへようこそ」と名づけた鈴のような音色でゆっくりした口ずさむことができるフレーズとしました。ただし、館内BGMが流れていても、不協和な響きを起こしたりメロディ自体がぶつからないように考慮して、歌い出しや

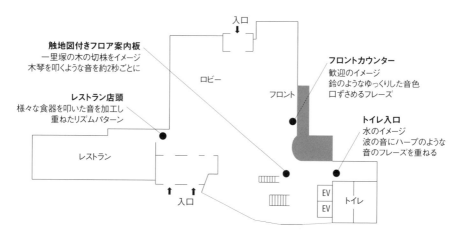

図3　〈メルパルク熊本〉1階見取り図（2004年当時）

終止感といった音楽的な要素はほとんど感じられないようにしています。

　レストランは館内に入ってすぐ左側にありますが、当初は誘導用ブロックなどを敷設する予定はありませんでした。しかし開館当時、近隣にあった視覚障害者団体から、近くて使い慣れているのでレストランを引き続き利用したいという要望がありました。誘導用ブロックの敷設変更は難しくとも、音サインなら誘導できるのではと考え、レストラン入口の横にあるメニュー台から、様々な食器を叩いた音を加工した音を重ねた「食器のおしゃべり」と名づけたリズムパターンを流すことにしました。

　トイレ入口では、水のイメージという連想から、波の音に水飛沫を思わせるハープのような音によるフレーズを重ねています。当初は「トイレです」と喋るような音声案内を流そうというアイデアもありましたが、大勢が滞留すると想定されるフロア案内板に近く、祝宴などを終えたひとの感慨を考慮して音声案内は行いませんでした。

　これら4つの音サインは、実際に聞いたことがないひとに言葉で説明して類推してもらうことができます。たとえば、フロントカウンターで流れているメロディを聞いたことがなくとも、「鈴のような音」という比喩から聞きあてることができます。

視点② コンテクスト

　発信された音サインから情報を受けとった利用者は、それを判断や行動に結びつけます。「コンテンツ」は利用者の判断・行動のきっかけであり、コンテンツに付随する場所・用途・機能といった情報が時間軸に沿って連なっていくことで「コンテクスト」(文脈)が形づくられます。つまり、利用者が間違いなく行動し目的を達成するためには、複数のコンテンツをコンテクストで形成するという視点が必要です。

　館内に入ってから誘導用ブロックに沿って進むと、左手にあるレストランを見ながら右へ曲がり、さらに左に折れてフロア案内板やフロントカウンターに向かいます。まっすぐに進めばフロントカウンターとなり、途中で右に分岐すればフロア案内板の前を通ってトイレに向かうことができます。フロア案内板の上面はそのフロアの模式触地図になっているので、手を近づけるとそのフロア内の施設設備を、現在地点を中心とする時計盤に見たてて説明する音声が流れます。このように、利用者の行動を前提としたコンテクスト(文脈)に沿う形で、適切なコンテンツが得られるような音サインの配置を行うことが、利用者の立場からすると極めて重要なのです。

視点③ サーカムスタンス

　さらに音サインの機能をきちんと生かすためには、3つ目の視点、音空間全体を統一する「サーカムスタンス」(環境条件)という視点が必須です。サーカムスタンスはたんなる物理的環境(environment)ではなく、情報の内容を活用する段階での利用者の周囲の環境条件を意味し、コンテンツ、コンテクストと連携した空間の雰囲気や状況を含んだ概念です。音サインは空間全体の一部であり、その周囲には意図の有無にかかわらず「暗騒音」に分類される多種多様な音が流れています。音環境全体の中に音サインを位置づけることで、それ以外の音を整理整頓し、その大きさや流す方向を決めることができます。また、音サインによって注意を引きたいひと以外の人々の行動を妨げないことにも、注意をしなければなりません。

　サーカムスタンスの視点が抜けると、空間全体のトータルデザインができないために音サインも機能しなくなる懸念があります。たとえば、レストランの音サインに食事を連想させる童謡の替え歌メロディを使ってはというアイデアもありましたが、館内にはBGMが流れることも想定されました。その場合、メロディが重なってしまい音サインとして機能しない恐れがあります。そのため、食事の様子を類推できる音にしました。また、フロア案内板はこの建物を利用するほとんどのひとが通る場所にあり、待ち合わせや立ち話などの行為が起こることが予想されました。そのため、フロア案内板に設置した音サインは、通りすがりのひとにその存在を知らせると同時に、近辺で立ち話をするひとにはうるさいと感じられない音になるようにデザインしました。

　このように、空間全体のサーカムスタンス(環境条件)を十分に検討し、情報の重なりや予想される行為との乖離がないかを考慮しながら、ていねいに音サインのデザインを進めることが求められます。

　誘導用の音サインというと視覚障害者という連想から、ピーンポーンという誘導鈴やチャイムが使われがちです。また、視覚障害のある当事者からは、「音声のほうがわかりやすい」という要望が多く出されます。ただ音声案内は細かい説明ができる代わりに時間がかかるのに対し、音声ではない「非音声音」は聞こえた瞬間にどういう意図の音であるかをほぼ認識できます。

　一方、食料品を売る店頭で「トイレはこちらです」のような音声が聞こえていたら、店舗に入ろうとしたひとはどのように感じるかという、その空間に求められるサーカムスタンスと音サインの関係もあらかじめ想像しなければなりません。音サインがコンテンツとして適当か、コンテクスト

表1 音環境の整理に必須な3つの視点

① **コンテンツ(情報の内容)**	② **コンテクスト(文脈)**	③ **サーカムスタンス(環境条件)**
音の情報発信を行う側が、対象とする利用者に伝える音情報の内容	発信された音サインから利用者が情報を受け取った際、適切な判断・行動を決定できるような音情報の構成	利用者が情報の内容を活用する段階で、情報を適切に活用するための周囲の環境条件

を形成できているか、サーカムスタンスが破壊されていないか、この3つの視点におけるバランスの考慮が大切です。

ところで、〈メルパルク熊本〉の音サインではあえて音楽的要素をできる限り排除しています。メロディがあると記憶に残りやすく、1か所で聞き続けると個人的感情と結びついて、好き嫌いといった評価やうるさいという判断になりやすいからです。木琴のような音によるフロア案内板の音サインも、音楽やメロディには感じにくいように楽譜には書けても高低のあるあえて口ずさみにくい音列にしています。前述の「江東区やさしいまちの誘導システム」の音サインも、同様の考え方です。

音環境のトータルデザイン

公共空間の音サインというと、法令やガイドラインに従って設置するものというイメージがあるのではないでしょうか。結果として、ガイドラインなどで求められている

性能を発揮できる適切な位置ではなく、たんに設置しやすいところにスピーカーをつけ、大きめの音を流せば聞こえるだろうという状態になりがちかもしれません。しかし、ここまで説明してきた3つの視点を中心に音環境のトータルデザインを行えば、その場にふさわしい雰囲気のある空間を実現することができます[**表1**]。

音サインと音環境に必要な3つの視点をふまえた上で、「音の総量規制」という考え方も重要です。音サインが確実に伝わるように暗騒音や音情報を最低限まで絞りこみ、空間のトータルデザインの一部として音サインを設置する必要があります。また、空間内の音を減らすことと同時に、天井吸音に代表されるような吸音や遮音の仕組みを施します。整った音環境とそれを生かす運用ルール、すべてがかみ合った場所でこそ、音サインがもっとも効果的に機能し、うるさいと感じない音環境が実現できます。

光環境のデザイン
照度から輝度へ

石田聖次
LIGHTSCENE

氾濫する光

　近年の空を見上げると、そこに輝く星は少なくなり、反面、地上には散りばめられた輝きが増え、現代の夜景を形成しています。それは、暮らしの光であったり、街路の光であったり、仕事の光であったりと様々です。その光は景観として見るには美しく感じますが、そこにいると昼間と同じように明るい環境だったりします。このように明るくなったのはいつ頃からなのでしょうか。それは、照明の歴史に大きく関係します。産業革命を経て、電気が普及し白熱電球が一般的に使われるようになった頃から、明るさを確保することが簡易になりました。

　明かりが街路を照らし、街路灯の設置されていない場所が「暗くて危険」と考えられるようになり、照度基準*がつくられ全国に広がりました。その後、放電灯の出現により照明効率が高まったことで、より明るくなりました。明るいと安全であり、

明るいとひとが集うという認識から、商業施設や自動販売機などは一層の光を放つようになり、連動するようにまちなか全体が明るくなっていきました。

明るさの反動──身体・精神への影響

　近年の地球温暖化の原因のひとつとされる二酸化炭素排出量で、日本はつねに上位にランクされています。電気使用率でもっとも高いのがエアコンで、その次が照明であるというデータもあり、明るくなったことが地球温暖化の原因にもつながっています。そして、今後加速されると思われる温暖化は限界を迎え、これまでのような明るさは保持できないと思われます。また、環境的側面では生態系に対する影響も多く、悪影響も考えなければなりません。

　現在のように世の中が明るくなったのが放電灯の普及からと考えると、約60年前からとなり、近年になりその身体的・

---

*　照度とは、光に照らされた対象が受ける光の量のことで、単位はlx（ルクス）。「照度基準」とは日本産業規格（JIS）にて定められた推奨照度。また、輝度とは対象から発光または反射された光の量のことで、単位はcd/㎡。

精神的影響が表面化し始めたといわれています。

　当時の蛍光灯は、細かくたくさんの点滅が行われていました。暗いところで本を読んではいけないと教えられていた子ども達は、その細かな点滅のある蛍光灯の下で読み書きをしていたことになります。現代人の多くが視力矯正しているということは、人工照明を頼りにしていたことが大きく影響していたとも想像できます。

　また、近年は日没が過ぎても明るい環境が続いているため、昼と夜の区別が曖昧となり体内時計に変調が生じ、睡眠障害や、身体的・精神的疾患を引き起こす可能性も指摘されています。2017年のノーベル医学生理学賞では、体内時計を司る時計遺伝子と、その仕組みを解明した方々が受賞しました。

必要な光

　見るための視機能は年齢層ごとに変わり、それぞれに適した光や害になる光があります。また、視覚障害・聴覚障害・知覚過敏の疾患がある場合、あるいは網膜の後ろにある、網膜色素上皮の色の違いによっても、光の感じ方は異なります。視覚と光の関係は様々で、見えにくさの種類も異なります。

　見るための光には、作業のための光と空間のための光があり、それぞれの役割

も異なります。少し前までは、それらのすべてがひとくくりになり、「大は小を兼ねる」という感じで照度基準が明るく設定されていました。2011年の東日本大震災で、計画停電などが行われた関係で、国はこれまでの照度基準に加え、値に幅をもたせた照度範囲を定めましたが、まだ以前のような空間全体で明るくするという感覚が蔓延しています。

作業のための光

　見やすいという感覚は光環境によって相対的に変化します。そのため、周辺が明るいと作業面が暗く感じてしまい、周辺が暗ければ低照度でも明るく感じます。

　天井からの全体照明などでは、照明に近くなるほど明るくなるため、机などの作業面よりも周辺に立っているひとなどのほうが明るく感じます。そして、明るいところに意識がいくという視覚特性から、作業に集中しにくい環境となります。

　これらの感覚的特性に加え、必要となる光には個人差があるため、全体照明で明るさを確保するのではなく、個々に合わせた光を設定できる調光機能付きスタンドなどの器具を用意することが望ましくなります[図1]。

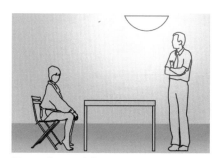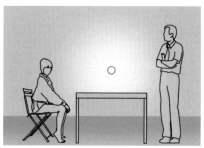

図1　天井からの全般照明よりもデスクスタンドのほうが効率がよい

環境を整える光

　同じ空間でも輝度の配置で、空間の印象は大きく変化します。床の輝度が低くても、壁や天井の輝度が高いと明るく広々とした環境と感じ、床の輝度が高くても壁や天井の輝度が低いと、暗く狭い環境に感じられます。

　これは、見えやすいところの輝度が高くなると空間の広さが認識しやすくなる現象で、輝度の配置バランスを変化させれば空間の印象を変化させることができます。また、壁面に対する光の当て方で、

様々な表情を与えることもでき、暗めの落ち着きのある空間や、明るい活動的な空間など、利用目的に合わせた環境づくりが可能となります[**図2**]。

「適光適所」へ

　照明デザインも、「明るければよい」（照度をとにかく上げる）から、適切な場所を適切に明るくする、「適光適所」（輝度の配置をコントロールする）といった考え方に変化しつつあります。明るさが必要とされていた時代には、作業に対して照度基準が

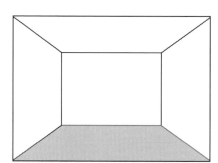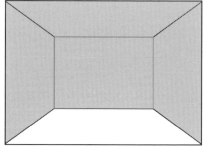

図2　床面の輝度が低くても壁の輝度が高ければ空間が明るく感じられる

設定され、基準に合わせて空間に照明が配置されていました。

たとえば、細かな作業を行う場合の基準が1,000lxだとすると、その部屋全体が1,000lxに設定されていました。それが現在では、通路を含めたすべてにその照度を確保する必要はないと考えられるようになり、作業面の光は個別視覚特性に合わせて設置し、空間を明るくするための光を別に設定する必要があるという考えに変化しつつあります。

空間のための光は、形状や障害物をわかりやすくすることが重要であり、そのための光配置が重要となります。つまり、空間にメリハリをつける光の配置である輝度も重要とされるようになりました。

とくに階段のような形状には、明るさ以上に輝度配置が重要となります。見ためを重視して光を設置することで不規則な影をつくり、形状の視認性を著しく低下させてしまう場合があります[**図3**]。

また眩しさは、時に視認性を低下させ、疲労感を与えてしまいます。とくに視覚的な疾患をもつ方々は、全体が高照度でコントラストがない状況よりも、全体を輝度の少ない間接照明などで低照度とし、形状や障害物を明確にする輝度配置のほうが空間にコントラストができて認識しやすくなります。

室内ならば、視覚育成中の子どもたちのために、天井に強い輝度は配置せずに間接照明または、光源が直接目に入らないような照明器具で、最低限の明るさを確保し、壁面や机・椅子などの家具の配置がわかりやすくなるような光でコントラストを与え、作業面には個々の視覚特性に合わせた照明を設置することが望まれます。

図3　3段ごとに光が設置され、影が綺麗に見えるが、上から見ると段差がわからない

効果的な屋外照明

　屋外照明は、周辺の光環境の状況によっては、明るさの感じ方が変化します。その上で街路では歩道・車道・植栽などが認識できるような適切な光の確保が必要となります。

　商店街などの周辺が明るい環境では、街路に店舗の光が大きく影響を与えており、営業時間と閉店後では光の状況が変化します。そのため、設置間隔が広い大きな光で広域を照らすのではなく、周辺の変化に関係なく店舗と歩道の境界を明確にするように低めの光源で、連続または細かめなピッチで列をつくるような光の連続配置が効果的です。そして、店舗が閉店した後などの周辺の状況により光量が変化することが望まれます。

　公園など樹木に囲まれた空間では、広域を照らそうという目的で光源部が丸見えの照明が設置され、眩しさすら感じる状態を目にします。遠景から見ると全体が明るく感じますが、近くに行くと光源の眩しさが気になり、周辺への視認性が低下して見えにくい状況となります。樹木の陰などが見えにくくなるため、不安感なども与えてしまいます。また、園路は直線とは限らず、様々な形をしているので、園路の路面照度を効率よく確保するような街路灯は規則性がなくなり、輝度を頼りにするにはわかりにくい環境となってしまいます。樹木の陰への不安感を軽減し、曲がった園路を明確に見せるのは、眩しさを抑えた目線より低い位置に光を連続配置することが効果的となります［**図4**］。

快適で優しい光環境へ

　2011年の東日本大震災では、電力不足から照明の間引き点灯が行われました［**図5**］。その際、空間の輝度バランスが著しく低下してしまい輝度を頼りにされている方々が困惑し、歩きにくいという状況となってしまいました。

　今後、地球温暖化の影響による台風などにより同等の災害が発生する可能性も高くなると予想されます。また、温暖化対策として照明を規制されることも考えられます。

　このような状況のなか、すべての方々が最低限の空間認識が確保できるように、全体照度は低く設定し、空間認識を優先した輝度配置を基本とする照

図5　東日本大震災で行われた間引き照明

図4 植栽、車道や車道のエッジがわかりやすい輝度配置だと歩きやすい

明計画が必要となります。明るく華やかな環境が求められる場所でも、基本的な空間認識を助けるバリアフリーな照明にくわえて、空間演出のための照明という

二重構造の光が理想と考えます。照明のあり方を見直すことで、より快適で優しい光環境をつくりだすことができるのです。

あとがき

日本福祉のまちづくり学会
身体と空間特別研究委員会
共編著者（委員長・幹事）

　本書は、当委員会の近年の研究課題を概観し、その成果を一冊にまとめようとしたものである。当初は、TOKYO 2020 オリンピック・パラリンピック競技大会の開催時期に合わせた刊行を想定していた。それは、この国家的行事が「多様性と調和」という題目を掲げていたからだ。この先、無事に大会が実行され、首尾よく整備された都市空間にたくさんのひとびとが訪れることを願う。だが、祝祭には必ず終わりがある。ハレのあとにはケがやってくる。ひとは日常を生きている。祭りを締めたそのときから、本当の意味での「多様性と調和」を目指し、果てしない道のりを歩み始めなければならない。

　あらためて日常を見てみよう。格差社会や無縁社会と呼ばれる現象は社会的弱者にこそ顕著となり、高齢者・障害当事者・困窮者の多くが「おひとりさま」の生活を強いられている。外国人労働者がいなければ国内経済が維持できなくなったいま、公共空間の情報伝達は日本語で事足れり、とはいかなくなった。極端気象・原発事故・パンデミックといった災禍の恒常化は、生活水準を長期的に押し下げ、社会的弱者をさらに圧迫する。こうした社会現象は、バリアフリーやユニバーサルデザインの必要性を裏付ける証左となり、都市部から少しずつではあるが、公共空間の改善は着実に進んでいる。当委員会には、こうした都市改善の議論を、より普遍的な思想に昇華させたいという想いがあった。

　いま、わが国は、定常型社会や成熟社会などと呼ばれる、持続可能な社会構造に移行しなければならない時期を迎えている。都市とは、「豊かさ」を具現化した空間である。これからの豊かさは、個人的欲求を満たそうとするようなものではなく、誰もが安心でき、社会的弱者を生み出さずに持続できるものとなる必要がある。つまり、都市は、ひとびとの暮らしやすさ、働きやすさ、生きやすさなどが実感できる空間でなければならない。ひとは誰でも、他者に迷惑をかけ、他者に依存しながら生きている。であるから、定常型社会にあっては、さまざまな属性をもった者が集い、それぞれが他者の思想や嗜好、考えかたや感じかたを尊重し、いたわりや思いやりの気持ちを分かちあうことのできる都市環境が期待される。言い換えれば、ひ

とびとが喜怒哀楽を共有することのできる、「共生」の場の実現が求められている。

本書は、定常型社会における共生都市の姿を示そうという理想の下、初学者から実務者まで、広く読者対象に設定した。視覚や聴覚など、いわゆる「障害の医療モデル」にあたる知見の解説からはじめたが、そうしたのは、障害の議論を展開するためではない。障害当事者の生活実践には、普遍的な、「身体と空間の関わりかた」を考えるための示唆が溢れているからである。あらためて、四編のコラムを味読してみて欲しい。障害当事者の日常には、バリアフリーやユニバーサルデザインといった議論よりもはるかに高い次元の、「豊かさ」に直結する感覚があることが分かるだろう。読者諸氏には、ぜひ、「ひとびとの豊かさを押し上げるものは何なのか」について考えていただきたい。本書は、他者と喜怒哀楽を共有するための想像力を養う際に、特に役立つものと自負している。

おしまいに、出版にあたってお世話になった方々に触れておきたい。移動・交通分野の第一人者である鎌田実先生には、当委員会の発足前から、当該分野における学問的価値と社会的意義の両面にわたってご教導いただいた。また、当学会の歴代学会長にはご厚情をいただいてきた。髙橋儀平先生からは、当委員会発足時に重要な課題を賜り、研究活動の大方針を決定づける契機を与えていただいた。秋山哲男先生には、当委員会の思想を高く評価していただき、特に、当事者には研究・開発を牽引する使命があるとして、公共政策や整備指針の起草参画等、社会的な活動の場を幾度も設けていただいた上、研究者自身が市民の前に出て、市民に届く言葉で語ることの大切さをご指導いただいた。小山聡子先生からは、公開研究会や公開セミナーの開催、そしてこの出版企画と、当委員会の活動を全面的にご理解いただき、いつも背中を押していただいている。以上各位には、特に感謝を申し上げたい。

公開セミナーや公開研究会では、共催・後援・会場提供等、多くの方々のご支援とご協力を得て、全国各地で、予想をはるかに超えた反応と反響をいただいた。この場を借りて、開催・運営にご尽力いただいた方々と、会場にお越しいただいたみなさまにお礼を述べたい。また、セミナーや討論会では、生きた議論を展開しようと、当委員会内外の実践的研究者にご登壇いただいたが、紙幅が足りず、全員の言葉を掲載することが叶わなかった。それはまた別の機会に譲ることとし、あらためて全登壇者と全執筆者に謝意をお伝えしたい。

最後になるが、鹿島出版会久保田昭子氏でなかったら、この、癖の強い共編著者をまとめることは不可能だったに違いない。記して感謝を申し上げる。

編著者

原 利明
はら としあき

鹿島建設建築設計本部所属。日本大学大学院理工学研究科建築学専攻修了。博士（人間科学）。鹿島建設建築設計本部建築設計部入社。2004年から2年間、国土技術研究センター出向。国や地方自治体のバリアフリー・ユニバーサルデザインに関する調査研究に従事。2001年から開港まで中部国際空港UD研究会に参加。その後、新千歳国際空港国際線PTB、東京国際空港国際線PTB、成田国際空港などの国内の主要空港や公共施設、病院のユニバーサルデザインに関わる。日本福祉のまちづくり学会副会長。身体と空間特別研究委員会委員長。一級建築士。　【62〜73ページ】

伊藤納奈＊
いとう なな

産業技術総合研究所人間情報インタラクション研究部門 行動情報デザイン研究グループ グループ長。早稲田大学大学院理工学研究科建築工学専攻修士課程、イリノイ大学アーバナ・シャンペン校建築学修士課程、William McDonough Architects in New York、鈴木了二建築計画事務所などでの設計経験を経て、慶應義塾大学大学院政策・メディア研究科博士課程修了。博士（学術）。専門は高齢者・ロービジョンの視覚。計測データを基にしてISOの人間工学分野でアクセシブルデザインの規格の提案、審議を行っている。　【18〜23ページ】

太田篤史＊
おおた あつし

照明設計事務所所属。横浜国立大学大学院工学研究科計画建設学修了。博士（工学）。同大にて建築環境工学（音環境、音と空間認知、環境心理など）について研究。東京国際空港国際線PTB、成田国際空港などのユニバーサルデザイン検討に関わる。　【52〜57ページ】

船場ひさお＊
ふなば ひさお

こどものための音環境デザイン代表理事、横浜国立大学客員教授。九州大学大学院芸術工学府芸術工学専攻博士後期課程修了。博士（芸術工学）。千代田化工建設などにおいて多数の公共空間の音環境デザインを担当。専門は騒音制御、建築音響、音環境のユニバーサルデザイン、こども施設の音環境デザイン。音や音楽と地域のデザイン、家電製品の音づくりなどの研究・実践に取り組む。　【40〜51ページ】

松田雄二
まつだ ゆうじ

東京大学大学院工学系研究科建築学専攻准教授。東京大学大学院工学系研究科建築学専攻博士課程修了。博士（工学）。久米設計、お茶の水女子大学大学院准教授などを経て現職。専門は建築計画学、とくに視覚障害者の歩行環境・障害者の地域居住環境・福祉施設計画など。東京国際空港国際線PTBや西葛西・井上眼科病院のユニバーサルデザイン設計などに関わる。共著に『利用者本位の建築デザイン』ほか。2013年日本建築学会奨励賞受賞。日本福祉のまちづくり学会理事。一級建築士。　【30〜35、68〜73ページ】

矢野喜正＊
やの よしまさ

矢野住環境研究所代表。千葉大学大学院人文公共学府非常勤講師。東京藝術大学美術学部在学中の1992年から、先天色覚異常の当事者組織 色覚問題研究グループぱすてるにて当事者支援活動を開始。同大卒業後、設計事務所勤務を経て、1999年に一級建築士事務所設立。個人住宅の設計・監理を生業としながら当事者支援活動を継続。2009年、千葉大学大学院にて、当事者支援に関する制度研究に着手。同大学院人文社会科学研究科博士後期課程単位取得退学。一級建築士。　【24〜29ページ】

*日本福祉のまちづくり学会身体と空間特別研究委員会 幹事
**同、委員
【　】内は[基礎編]の執筆ページを示す

執筆者(コラムを除く、50音順)

石田聖次＊＊
いしだ せいじ
Design Studio LIGHTSCENE代表。東海大学、共立女子大学、明星大学非常勤講師。専門は照明論。展示内装会社、都市計画事務所、照明メーカー勤務を経て、1993年独立。光を主軸に人と自然に優しい環境デザインを行う。

伊藤精英
いとう きよひで
公立はこだて未来大学 システム情報科学部 情報アーキテクチャ学科教授。筑波大学大学院心身障害学研究科博士課程修了。博士（教育学）。専門は認知心理学。日本学術振興会特別研究員を経て、公立はこだて未来大学システム情報科学部着任。生まれつき目が不自由で、14歳のときに不慮の事故で失明する障害歴をもつ。
【84〜89ページ】

稲垣具志＊＊
いながき ともゆき
中央大学研究開発機構准教授。大阪市立大学大学院工学研究科都市系専攻後期博士課程修了。博士（工学）。豊田都市交通研究所研究員、成蹊大学理工学部助教、日本大学理工学部助教を経て、2020年より現職。専門は都市交通計画、土木計画、交通安全教育。国土交通省における各種ガイドライン制定のほか、東京都、世田谷区、練馬区、武蔵野市、国分寺市、さいたま市、鎌倉市などをはじめとした各地域や、成田国際空港における各種交通政策・計画の立案、評価に携わる。全国各地において主に交通安全・ユニバーサルデザインに関する講演を展開。

大野央人＊＊
おおの ひさと
鉄道総合技術研究所 人間工学研究室 主任研究員。武蔵野大学非常勤講師。京都大学大学院理学研究科修士課程修了。人間工学、実験心理学の立場から、バリアフリー、ユニバーサルデザインを研究。

大野寛之＊＊
おおの ひろゆき
自動車技術総合機構交通安全環境研究所 交通システム研究部 主席研究員。淑徳大学社会福祉学部、千葉大学工学部を卒業後、青年海外協力隊の派遣隊員としてネパールを訪れる。三重大学大学院工学研究科修士課程修了。運輸省（当時）入省後、社会人学生として法政大学大学院人間社会研究科博士課程修了。博士（学術）。専門は交通バリアフリーや地域公共交通。

桑波田 謙＊＊
くわはた けん
クワハタデザインオフィス代表取締役。遼寧何氏医学院（中国）客員教授。東京造形大学美術学部卒業後、事務機メーカー勤務を経て、2007年クワハタデザインオフィス設立。ユニバーサルデザインによる空間設計を行っている。デザイン（芸術）と医学・工学などの学術を連携させるヘルスケアデザインを実践。福祉のまちづくり、病院や福祉施設、役所施設の空間デザイン、視覚障害者の移動支援などの研究に従事。

小林 章＊＊
こばやし あきら
日本点字図書館 自立支援室 サービス管理責任者・歩行訓練士。国立障害者リハビリテーションセンターにて視覚障害者、肢体不自由者の相談員（ケースワーカー）を務め、同センターおよび国立視力障害センターで訓練専門職として視覚障害者の歩行訓練、ロービジョン訓練などを担当。その後、学院教官としてリハ専門職の養成を行う。2001〜2017年、国立障害者リハビリテーションセンター学院主任教官。2017年より現職。専門は視覚障害者の歩行、ロービジョン者の読み書きの訓練。
【12〜17、90〜95ページ】

小林吉之
こばやし よしゆき

産業技術総合研究所 人間拡張研究センター 運動機能拡張研究チーム長。2007年早稲田大学大学院人間科学研究科博士後期修了。博士(人間科学)。国立障害者リハビリテーションセンター研究所流動研究員(2007〜2009年)、日本学術振興会特別研究員(2009年〜2010年)を経て現職。ヒトの歩行特徴の定量的評価などの研究に従事。　　　　　　　　　　　　　　　　　　　　　　　　　　　　【78〜83ページ】

土井幸輝
どい こうき

国立特別支援教育総合研究所主任研究員。早稲田大学理工学部卒業。東レ、東レ・デュポン所属、早稲田大学理工学術院客員研究助手、首都大学東京システムデザイン学部助教授、国立特別支援教育総合研究所研究員などを経て、2013年より現職。博士(人間科学)。専門は人間工学。　　　　　　　　　　　　　　　　　【62〜67ページ】

中村豊四郎＊＊
なかむら とよしろう

アール・イー・アイ エグゼクティブ・ディレクター。千葉大学工学部工業意匠学科卒業。デザイン事務所、建築設計事務所勤務を経て、1989年にアール・イー・アイ設立。代表取締役を務め、2020年より現職。交通施設、再開発地域、複合施設を主とする案内情報施設の設計や、環境色彩計画公共サービス施設の調査、研究、提案などを行う。一級建築士。

武者 圭＊＊
むしゃ けい

UDNJ(Universal Design Network Japan)所属。津田塾大学学芸学部非常勤講師。国立音楽大学大学院(音楽学専攻)修了。専門はサウンドスケープ、音楽美学。大学生のときから視覚障害者としてサウンドスケープを研究し、まちなかの音環境への提案、公共施設の誘導サイン音のデザインなどを行う。また、軽度呼吸不全や骨生育不全など複数の重複障害をもつ経験から、幅広い観点でバリアフリーやユニバーサルデザインについて提案や助言・講演や執筆を行っている。京王電鉄の視覚障害者用音サイン設置アドバイザー、音案内JIS(JIS T 0902)検討委員会委員等を歴任し、国立競技場や成田国際空港のユニバーサルデザインにも関わっている。

和田 勉
わだ つとむ

社会福祉法人日本点字図書館図書製作部長。日本点字委員会事務局長。筑波大学大学院リハビリテーション修士。早稲田大学人間科学学術院、博士(人間科学)。公共施設における点字表示・触知案内図の標準化動向に詳しく、視覚障害に関する書籍・雑誌等への寄稿多数。近年は包装容器分野における標準化活動などに関わる。

本書をご購入いただいた方で、視覚障害、肢体不自由、学習障害などの理由から、そのままの状態で読むことができない読者に、本書のテキスト電子データを提供いたします。
ご希望の方は、郵便番号、ご住所、お名前、お電話番号、メールアドレスを明記のうえ、下のテキストデータ引換券（コピー不可）を、下記までお送りください。

・ 第三者への貸与、配信、ネット上での公開などは著作権法で禁止されておりますので、ご留意ください。
・ データの提供形式は、メールによるファイル添付です。
・ データはテキストのみで、図版や写真は含まれません。

【引換券送り先】
〒104-0028 東京都中央区八重洲2-5-14
鹿島出版会 出版事業部
『ユニバーサルデザインの基礎と実践』テキスト電子データ送付係

ユニバーサルデザインの基礎と実践
ひとの感覚から空間デザインを考える

2020年10月30日　第1刷発行
2021年 8月30日　第2刷発行

編者　一般社団法人 日本福祉のまちづくり学会
身体と空間特別研究委員会

共編著者　原利明・伊藤納奈・太田篤史・船場ひさお・松田雄二・
矢野喜正

発行者　坪内文生

発行所　鹿島出版会
〒104-0028 東京都中央区八重洲2-5-14
電話03-6202-5200　振替00160-2-180883

印刷・製本　壮光舎印刷

デザイン　高木達樹（しまうまデザイン）

©Toshiaki HARA, Nana Itoh, Atsushi Ota, Hisao FUNABA, Yuji MATSUDA,
Yoshimasa YANO 2020, Printed in Japan
ISBN978-4-306-07356-2　C3052

本書の内容に関するご意見・ご感想は下記までお寄せ下さい。
URL: http://www.kajima-publishing.co.jp/
e-mail: info@kajima-publishing.co.jp

テキストデータ引換券
ユニバーサルデザイン
の基礎と実践